人参の一生

私たちはこの「人参」という「植物」の「根」の「一部」をいただいています。

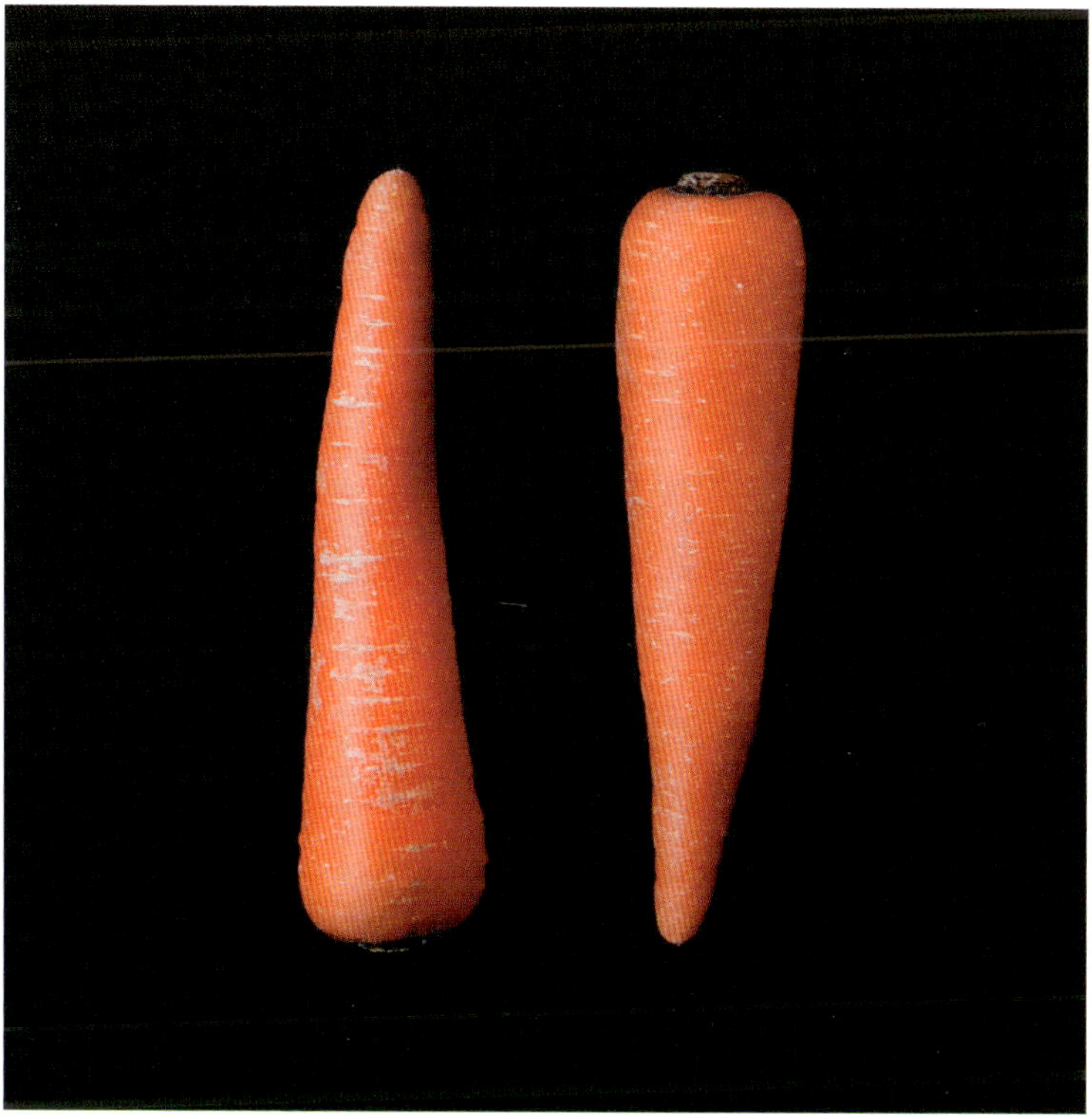

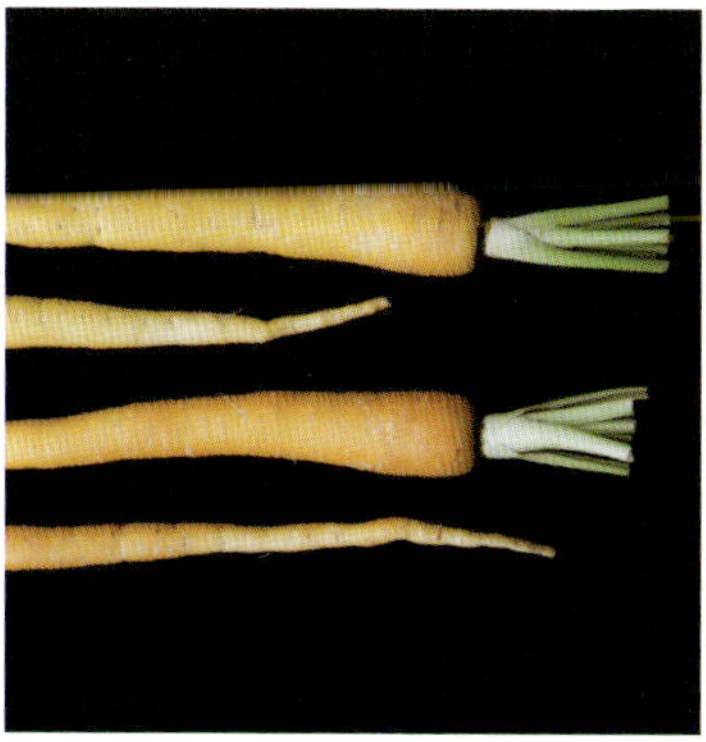

上：木之山五寸人参（愛知県）　下右：飛騨長人参（岐阜県）　下左：島人参（沖縄県）

人参はここから花を咲かすため、茎をのばそうと芯が固くなってくる。

東京都　矢ヶ崎農園さんの人参の花。春に咲く繊細なレースのような花。同じセリ科の一年草ホワイトレースフラワーという花によく似ている。

花が咲いている時の、土の中の親人参の様子。茎から150センチほどまでのびた先に、繊細で美しい花が咲いている。

種が採れた後の人参。あとは土に還るだけ。「土」として、次の植物を支える栄養となる。それが循環。

神奈川県　すどう農園さんの人参の種。一粒の周りに小さなトゲのようなものがついている。ここに次なる人参の命が育まれている。

多様な古来種野菜たち

地域の伝統行事や食文化を育んできた野菜たちは地域の宝です。

毛馬きゅうり

文久3年／1863年の「大阪名物大略」にその記録が残っている。大阪の毛馬村で栽培されていた黒イボ系のきゅうり。ひょろっと細く長い。軸の付け根から1／3ほどが緑、そこから下は色が薄く黄緑からやや黄色へのグラデーション。歯ざわりがしっかりとしており、漬物にしたときでもパリッとした食感が残る。（大阪府）

山形赤根ほうれん草

葉にギザギザの切れ込みがある赤根・剣葉の東洋種。1930年代に山形県の農家が自家採種を続けて、赤い根で大株になるものを求め続けた。1970年代には人気となるが、西洋系の現在のほうれん草が流通し始めると、病気になりやすいなどのデメリットにより幻となってしまった。葉は肉厚で味が濃く、その美味しさに加えて驚くのはその根っこの甘さ。（山形県）

かわひこ

鹿児島県の伝統野菜のひとつ。江戸時代の少し前頃、屋久島町栗生に伝わってきた。現在では麦生《むぎお》集落や原《はるお》集落などで生産されている。自家用での生産が主。屋久島以外でみかけることはほとんどない。元旦のお吸い物には、かわひこがひとつはいっているそう。必ずこのかわひこを食べなければいけない、というならわし。（鹿児島県）

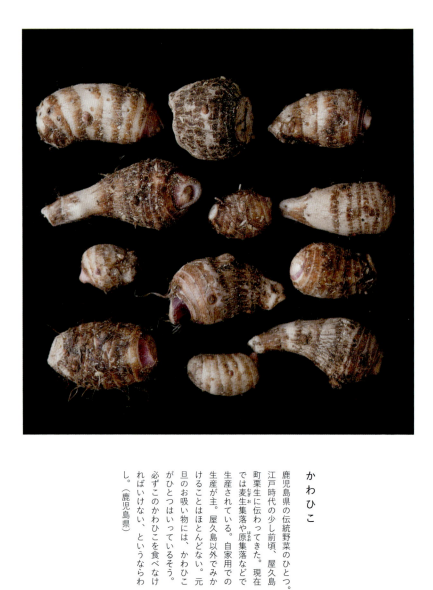

小野川もやし

山形県米沢市小野川町のみで生産されている山形県の伝統野菜。長さが24〜27cmと一般的なもやしの1.5〜2倍のサイズ。栽培は11月から3月までの冬期間だけ。繊細な栽培、後継者の問題によって、時代とともに栽培量が減り、とうとう幻のもやしと呼ばれるように。（山形県）

縮緬南瓜

直径約30㎝、重さ約5㎏。あいちの伝統野菜。記録は、明治から大正時代の書物に残っている。実はこのイボイボも甘くて美味しい。着果数が少ないため、昨今では特に貴重な南瓜。日本かぼちゃらしく、水分量が多く、デンプンが少なく、肉質は粘質。日本人に最も親しまれるかぼちゃの味として、広く普及してきた。

（愛知県）

三島独活

江戸時代から大阪府茨木市を中心に三島地域で栽培されていた。生産者はたったの一人だったが、そのバトンを千提寺farm.の若いお二人が引き継いだ。その長さは全長約80センチ。驚くのは、その白さ。透明感があり吸い込まれそうな純白。香り高く、柔らかで。この長さを保つために、この白さを保つために、どんなご苦労があるのでしょうか。（大阪府）

茄子だけでこんなに種類がある

なすは地方色が強い野菜で、各地に多くの伝統品種が残っています。

1 鉛筆茄子（新潟県）
2 越後白茄子（新潟県）
3 長岡巾着茄子（新潟県）
4 博多長茄子（福岡県）
5 白十全茄子（新潟県）
6 天狗茄子（愛知県）
7 薄皮丸茄子（山形県）
8 白丸茄子（福岡県）

まだまだ紹介しきれない古来種野菜

僕らが見ているのはほんの一部。見たことがない野菜なんて何百種もあるのだ。

鹿児島県垂水市、山田一生さんの桜島大根を真ん中に。世界一大きい大根として
ギネスブックに認定されている。大きいものは30キロほども。

農家と農

長崎県雲仙市、岩崎政利さんの畑から。

岩崎政利さん。1950年、長崎県雲仙市生まれ。種採り農家のパイオニア的存在。生産する野菜60種ほどの種を自家採種している。平成17年には、岩崎さんを中心としたプロジェクトにて「雲仙こぶ高菜」を復活。

夏野菜の種を採ったばかりの頃。

畑の脇にある、小さな小屋。季節によってまとわる緑が美しい。

かつお菜のとう
立ち、そしてそ
の花。

加賀伝統野菜
打木赤皮甘栗南
瓜の種。

大根の花とさや。
淡い緑色のさや
はだんだんと乾
いて茶色くなっ
ていく。そしてこ
の中に大根の種
が育まれている。

岩崎さんの手。
手をみせてくだ
さいなんて、本
当はあまり言え
ない自分もいる。

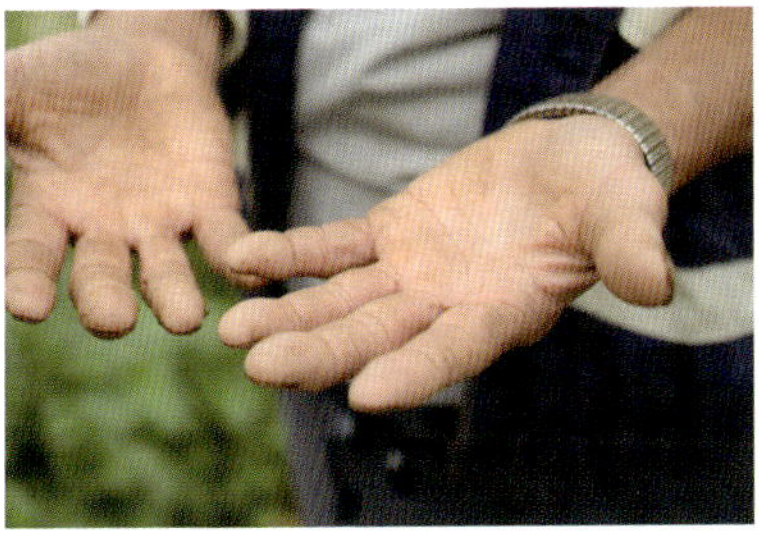

平家大根のさや
を乾燥させてい
る。

八百屋は流通を考える

音楽にはフェスがあるように、野菜には市が必要だ！

下北沢にあるfog linen workで開催した在来野菜のマーケット「early winter market」。端境期でもあったこの時のテーマは、サツマイモ！　12種類ほどのサツマイモをご紹介しました。

右：長野県なつみ農園さんの「辛味大根」。ここに載せているだけでも既に5種類。お蕎麦や鍋の薬味として最高。熱を加えた瞬間に辛味がぬける、その味がクセに。
左：種市で販売した、安家地大根。表皮はとにかく紅く、中は白い。そして何より、辛く、甘く、美味しい。

鶴首かぼちゃ。鶴の首によく似ているのがその名前の由来。古くから日本で栽培されてきた。かぼちゃには直接ステッカーが貼れるのがちょっと嬉しい。

熊本県五木村で長く唄いつがれている「五木の子守唄」。その村の五木赤大根。小さい大きいだけじゃない。葉や茎のそれぞれの色。みんな同じじゃなくて、すごくいい。

冬の種市ではフレッシュな大根やカブを紹介することができた。みんなが驚く瞬間。

5回目開催古来種野菜マーケット「種市」の様子。みんなで種のことを共有する市。

種は巡る

その小さな一粒から育つ野菜を僕らは食べている。

右：寺島茄子が乾燥したもの。たくさんの種が薄い皮につつまれている。
左：自宅の庭で大根を植えて採った種。

右：小さく独特な形をしているバジルの種。
左：農家さんからいただいた赤目ねぎの種。

右：ブロッコリーの種。
中：乾燥しているおくら。
左：モロヘイヤの種。

滝の川牛蒡。ごぼうの種は人や動物にくっついて移動する。そして、おちた先々で芽を出していく。

おくらの種。僕らは普段小さな白い種もたべている。

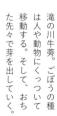

古来種野菜を食べてください。

高橋一也

晶文社

装丁　鈴木千佳子
写真撮影　janny suzuki、高橋てるみ

＊　はじめに

古来種野菜の販売をしたかったわけではない。

八百屋をやりたかったわけでもない。

底上げ、という感覚だった。


あるとき、僕は古来種野菜に出逢った。

そこに深く関わっている農家さんたちをみていると、いつもかっこよかった。うらやましかった。自分の中に芯があって、その芯とともに、季節と暮らしている。

彼らの発する言葉の一つひとつは、愛情深く、心にささる。人差し指をたてて風の行く末をみる、そんな彼らの生き様を、そして、その野菜の美味しさをどうにか伝えたいと思っていた。

だけど、それをどう表現したら良いか、わからなかった。

「表現」とは言っているけど、そもそも表現をしたいのか？　いまの仕事を辞めてまでビジネスをしたいのか？　それとも何なのか？　「独立」とは？

そんな状態でも一つだけわかっていたことは、底上げ、という感覚だった。

決して新しいものではない、だけど、この古来種野菜のことって、どこにもその「声」が届いていない。正しいこと、美しいこと、清らかなこと、人の心を自由にしてくれること、そこだけは確実で、僕は知っているけど、一般的には皆、知らない。

だから、それについて底からぐっと、もち上げていけばいいんじゃないかと感じた。ただ、単純に。底上げ。何かを変えるわけではなくて、新しいことを紹介するのでもない。僕らの活動はこれまであったことを、ぐっと底上げすることだ。

あたためるひとになりたい、あたためるひとでありたい、だから、warmerwarmer（ウォーマーウォーマー）、って、屋号を決めた。


一年に一度、国際有機農業映画祭に出かける。そこにはたくさんの農家さん、大先輩もいるし、若手の農家さんたちもいるし、僕にとっては出逢いや交流、そして学びの場。ドキュメンタリー映画を中心としたそのラインナップは毎年とても素晴らしい。ただ、いつも感じることがあった。

そこに来ているのは農家さんたちばかりだということ。「おぉ久しぶりー」「元気だったかー」と、ちょっとした同窓会のような和やかな雰囲気もあったりして。その映画祭に来ているということは、もちろん有機農業を営む農家さんであって、それ以上に、現代の農に関わる、ありとあらゆる情報を知りながらも、疑問のあることを声に出している素晴らしく意識の高い方たち。

彼らのファッションなんてものも、しびれる。マストアイテムはヤンマーの帽子、そして雨靴。どこへ行っても、自分の仕事を身にまとったまま、ナチュラルに十臭い感じで、よぉ！　と声かけられたら、僕のテンションはあがるのだ。

ただ、いつも気になっていることがあった。

ここに一般の人たちが見にきても良いはずなのに、会場は広々として余裕すらある。それって、声が届いていない、ということなんじゃないか。すごく大切な活動だし、日本になくてはならないことなのに、人々の関心にまだまだ届いていない。

3・11東日本大震災のあとから、種の問題については、かなり伝えやすくなってきたし、声に出しやすくなったけれど、少し前まではそこに「デザインする」という感覚は必要がないと思われていた。独特な問題なのはたしかなことだし、これを問題だと感じている人は「変わってる人」だと思われる風潮にあったから（もちろんデザインと種を考える僕も変わり者扱いされていた）。

日本ではオーガニックという思想と種の問題については別々なところにあって、メディアでは切り離されて発信されることが多い。

そもそも、オーガニックという思想は、一九四〇年頃イギリスで農薬や化学肥料を用いる「近代農業」が始まった、その対抗軸として発せられたものだ。アメリカでも同じような状況の中、一九六二年に生物学者レイチェル・カーソンによる『沈黙の春』が出版され、一九六〇年後半にはサンフランシスコから世界へヒッピー文化が広がった。

音楽、映画、ポエトリーディング、そしてアートが、人から人へ、そのメッセージを伝え合って、オーガニックという思想を伝えていく。

そして、日本では一九七一年、国が農業の近代化を進めるなか、有機農業研究会が設立され、社会的にも食のことや環境問題のことについて問いかける場ができた。とにかく、この有機農業研究会の存在は、その当時、日本の農家さんたちへ、そしてオーガニックの普及活動をしている消費者たちへ、大きな影響を与えている。

一九九五年、僕はレストランで調理をしていた。白いコック服を着て仕事していたけど、コック帽の下はモヒカンだった。

出逢った有機野菜を見て、それを調理して、お客さまが喜ぶ姿を、カウンター越しに眺めていた。

そして、ヒッピー文化にかぶれ、サンフランシスコの「シェ・パニース」(一九七一年「レストランは生産者に近づくべき」という哲学をもつアリス・ウォータースがオープンしたレストラン)にまで足を運んだ。一九九七年のことだった。

話を元に戻そう。

そう、だから、この素晴らしい有機農業映画祭の中で……

ここに、ミュージシャンの原田郁子ちゃんがいて、力強くもあたたかいライブをしてくれたら。

ここに、布作家の早川ゆみさんがいて、手を動かしながらゆったりと種について、お話会を開いてくれたら。

ここに、建てない建築家の坂口恭平さんがいて、まったく関係のない建築の話から、笑いながら農やオーガニックを考える時間となれば。

イメージはできていた。

僕が大事に思う在来野菜だけを販売するマーケットを開いて、そこに文化を愛する人が集い、その人たちの話や音楽を聞きたい若者たちと、ヤンマー帽子の農家さんがいたら、絶対に面白いはずだ。そうすることで、ハッピーになる人ばかりになる。

僕にとって、夢のようなフェスティバル！　なにより、日本で唯一の在来野菜だけのマーケット！

会う人、会う人、ほぼ全員に、しつこくその話をしまくっている時期が、独立してから一年くらいあった。

それが、二〇一三年に東京・吉祥寺で開催することになった、マーケットイベント「種市」の構想だった。

「底上げしたい場をあたためる」

それによって人々がハッピーになる。

その一心で、思わずたくさんのあらゆることをやってみる、でも失敗する、そんな日々の連続。でも、そんなことは気にしない。

失敗することなんて、当たり前だ。だってやっている人がいないんだから。

だけど、そのマーケットが、その場が、あたたまったら、人のこころがあたたまってくる。そうすると、農家さんとお客さまは今晩の夜ごはんのメニューのことについて、話をする。

「こうやって食べたらいいよ」

「明日はこう料理したらいいさ」

そんな話をしていたら、財布のヒモがゆるんで、つい野菜を買ってしまったりする。

安い、高い、だけの価値判断ではなく、場があたたまった時に、「食べたい」と思わせるような、ハートウォーミングな場を、たくさん作りたい。そう思っていた。

自分でもうんざりするほど、人に話し続けていたら、そのうち、何だかちょっとずつ奇跡が起こりはじめてきた。


原田郁子ちゃんから連絡があって、その野菜を食べてみたい、と。

早川ゆみさんとは、高知の家でいろんな農の話をさせてもらう機会に恵まれた。

坂口恭平さんには、産地まわりの帰り、当時彼が住んでいた熊本のゼロセンターへ人参を持っていったことがあった。その二年後ワタリウム美術館で再会。シュタイナー展に伴う彼のドローイング展の時に、僕は入口で在来野菜の八百屋を開いた。


奇跡の連続を、誰が作ってくれたのだろう。

間違いない。

それは、種、だ。

古来種野菜を食べてください。目次

第5章　種まく農家と美味しい関係 187

第6章　僕の仕事は野菜の流通、そのすべてだ　その2 231

第1章
種が大事だと言い続ける！

僕の日常は
＊食のことでずっと
さわがしい（独立前）

それをフォークであけると熱々のスープとボルシチのような肉が出てきた

小学生の時、父の仕事の関係でソ連ハバロフスクに行っている。

そこで印象的だったのは、ロシア料理の一つ、ガルショーチク。白いお皿の上をふんわりとしたパイ生地のようなものが包んでいた。それをフォークであけると熱々のスープとボルシチのような肉が出てくる。はじめて、なんだかうまいな、と思ったことを覚えている。

僕は新潟市の出身。実家は大衆食堂の居酒屋を営んでいて、刺身、焼き鳥、一品料理なんかを出していた。

歩いて三分くらいのすぐ裏にあったのが、白山市場。毎日新鮮な野菜が並んでいて、おじいちゃんやおばあちゃんが賑やかに野菜を並べていた。僕はそれを横目にしつつ、友達と一緒にかくれんぼをして遊んでいた。いまではめっきり小さな市となってしまったけど、ほそぼそとその市は、続いている。

さらに少し行くと、本町市場というのもある。ここはいまでも活気があって、誰でも行ける市場だから、新鮮な刺身や魚とごはん定食なんかをたのんで、そばにある小さなテーブルをお客さまが囲んで食べたりできる。いまでも帰省すると必ず出向く市だ。そういえば湊町にも市がたっているけど、いまではひっそりとしている。

いつも賑わっていた市の感覚、それはいまでも僕の記憶に残っている。

天安門事件の年に中国へ留学

僕はだいたいのところ、人がいつも好んでいるものとは逆をいく。仲間の間では、BOØWYとか尾崎豊が流行っていたけど、僕は、ダムド（英国のパンクパンド）とかボゴ（日本のパンクバンド）とか、パンクミュージックを聞いていた。

アンダーグラウンドな音楽や、おもしろいことや、場所を探すのが好きだった。

高校を卒業してからの進路。地方だったためか、アメリカへ留学する仲間がいたら、「あいつ、アメリカに留学するんだってよ」「英語話せるようになるんだってよ」とか、町中の噂になる。

北京の裏道。

でも、僕はやっぱり人と逆に進んでいく。

一九八九年九月、中国にわたった。

その六月、天安門事件があった年だ。

上海にある華東師範大学に通いながら、中国国内や少数民族のいる国境付近へ旅をした。土地々々で食べる食事はすごく美味しかった。裏道に一本入ったところにある庶民的な食堂とか、道ばたの屋台や万頭とか。現地でしか食べることができないものは刺激に満ちていた。

少数民族が多く住んでいる中国の南、大理《だいり》ではバックパッカーにまざってヒッピーたちとも交流した。西双版納《シーサンパンナ》にはタイ族がいて、そこの料理を食べて感動した。上海でも、あそこの小籠包が美味しいと聞けばそこに出かけて味わった。そ

旅先で食べた麺。どこでも食べるということに興味があった。

んなことくらいしか楽しみがなかったというのもあるけど、いつも人一倍いろんなものを食べていた。

当時、中国には洋楽が入ってきたばかりだったから、CDショップは一軒しかなく、本屋さんも少なくて、日本のようには遊べない時代だった。だから日本に帰国するたびに、レコード屋に行ってそこの店長さんにオススメの音楽を教えてもらっていた。

そしてそのカセットテープ、レコード、CDを中国に持ち込んで、クラスメイトと一緒に、夜な夜なパーティ三昧だった。近くの卓球場でどかどか大きな音がするから、何だろうと覗いてみたら、先輩たちが当時日本で流行っていた「ダンス甲子園」のビデオを見ながら踊っていたりね。

クラスメイトにはいろんな人種の人がいた。毎晩、お酒を呑みながら、いろんな話をしたのだけれど、特に、そのときの中国人の熱量はすごかった。天安門事件から、さほど時間がたっていない時期だったから、その熱を肌で感じることができた。

「お前は日本をどうしたいのか?」

と聞かれたことは、いまでも覚えている。その言葉も、その時の丸い卓も、何も答えられなかったことも。

生たまごと人参のシャトー切り――レストランキハチ

その後、僕はレストランキハチで、野菜の本当の美味しさを知ることになった。

一九九三年、中国から帰国。新潟に戻り、バーテンをやっていたけど、すぐ、東京へ出てきた。刺激が欲しかったのかな、やりたいこともたくさんあったような気がする。

最初の仕事は土建だった。その当時、バンドもやってたし、まぁ、遊んでいたから、コーラを買うか、もやしを三つ買うか。毎日、そんな感じ。バカだから、そこでコーラを買うんだよね。ほんと、若いってそれで一日持つから。いや、腹は減ってるんだけどね。

そしてその時期に、家族が営んでいた食堂が破綻して一家バラバラになった。家族の誰にも頼れない状況になった。

だから仕事を探すことにした。何気なく雑誌「Hanako」を見たら、おしゃれなレストランがたくさん紹介されているレストラン特集だった。頭に浮かんだのは「まかない食べれるなぁ」とか、「知らない食べ物食べれるなぁ」とか。

その頃は毎日、お腹が減っていたのだろうね。まぁ、不純な動機だったけれど、だけど置かれている状況は必死だったから、とにかく掲載されていたフレンチの有名店「レストランキハチ」に電話をしてみることにした（ダメもと、というのが得意なのだ）。そうしたら、会ってくれる、面接をしてくれる、と。

調理師学校にも行っていない、調理師免許ももちろん持っていない。包丁だってまともに触ったことがないし、ましてや当時はモヒカンだった！　ただ、熱量だけはあったと思う。

「君はおもしろい。なんだか変だから雇ってみよう」

その時の面接官は言った。

奇跡だった。僕は、レストランキハチ青山本店に採用されてしまった。

その後は、ご想像のとおり。

入ってからの苦労といったらなかった。飛び交う食材の名前や調理方法は、ほぼフランス語、こちらには調理技術もまったくない。だから毎日が修行だった。お金もないから当時は風呂なし共同トイレ、四畳半の部屋。ほのぐらい裸電球の下で、あぐらをかいて、生たまごを包丁で回しながら、シャトー切りの練習をしていた。

ある日、調理場にある大きな冷蔵庫の扉をあけたら、同僚がいて、いや、もう、それは本当にびっくりするんだけど、冷蔵庫の中で泣いていた。いろいろなことを先輩に言われて、悔しかった、と。

調理場は毎日、一分一秒、真剣勝負だった。いま思い出しても厳しい世界だったし、お客さまに料理を提供するということは、こういうことだと、肌で教えてもらった。だけど、僕は泣いたことはなかった。まわりにはお前のメンタルはどうなっているんだ、ってよく言われたけれど。

そこではいろんな加工の技術を学んだ。茹でる、焼く、蒸す、それぞれについての細かな配慮。野菜によって、また季節によって、その加工の微調整にバリエーションが必要だと教わったことは、すごく重要なことだった。在来野菜と向き合うようになってから、身にしみてわかった。

キハチには毎日のようにいろんなところから野菜が届いた。農家さんから、築地から、自然食品店から。それら野菜の色とりどりで美しいこと！　自分がいままでみてきた野菜と全然違

千筋水菜（奈良県）

奈良県に古くからつたわる水菜。葉の切れ込みが深く、
株元からすっと真っ白い茎がのびてくる。その1本、1本の存在感。
甘さ、香り、ほろ苦さ。シャキシャキとしたその食感。

う。肉や魚ももちろん新鮮で美味しかった。でも、野菜の美味しさや美しさの驚きにはかなわなかった。

その当時何が一番楽しかったか？　というと、すべての料理の味見！

野菜なら日本の野菜もあるし、洋野菜、中華野菜もある。キッチンの棚には、和食系の調味料にはじまり、中華系の香辛料や調味料、洋食のハーブやスパイスなど、ありとあらゆる世界中の調味料がずらり並んでいた。フュメ・ド・ポアソン、ブイヨン、コンソメ、オマール海老のソースとか、毎日のそうした洋食につかうベースの味見がとにかく美味しかった。

だんだん、仕事がおもしろくなってきた頃、世界を代表するシェフへの憧れもでてくる。ミッシェル・ブラ、アラン・デュカス、アリス・ウォータースの三人だ。

気づいたら二年でオープンキッチンに立っていた。そのカウンターからみえる景色は、実家が営む大衆食堂にあったカウンターからみた、お客さまがいる風景と重なった。

若者らしく、よく働き、よく遊んだ。一日中仕事をしているのに、徹夜して遊びにいくなんて、ざらだった。

オルタナティヴ・カルチャーの先駆的フリーペーパー「Balance」が創刊されたのは、この頃だった。当時はあまりメディアに露出していなかったジャムバンドなんかを取り上げる、かなりマニアックなフリーペーパーだったんだけど、その中で、バランスクックと名乗って、簡単な料理のレシピを書いていた。Balance の編集長菊地崇さんには、アメリカのこと、ヒッピー文化のこと、いろんなことを教えてもらった。そして後で話をする、サンタフェナチュラルタバコジャパン（株）の有機農家支援事業についてのご縁もいただいている。

「立て直し隊」と呼ばれるまで──（株）ナチュラルハウス

調理を覚えて、野菜に興味を持った。だけど、この先、ずっとコックとしてレストランで働いていくイメージができなかった。この時点で、すでに外国の修行からもどってきて、独立している人はたくさんいて、その人たちの培ってきた味覚や技術に、とうてい及ぶ気がしない。特に味覚という部分では。そういう意識も手伝って、お世話になったキハチを退職することにした。

調理、野菜、その二つと、もうひとつ、何か。その何かを模索することにした。

キハチを退職して半年ほど、先輩から誘われたレストランを手伝った。けれども、料理の技術だけではお店の経営は成り立たない。経営能力が必要だと痛感した。僕の父と母の食堂が閉店した理由もたぶんそこだ。

野菜のことを知りたい、そして、もっと経営というものを知りたい。その思いで一九九九年、自然食品専門店（株）ナチュラルハウスに入社。その一年後、埼玉県の志木にある小さなお店の店長になった。そこから数年は、数字にこだわって、とにかく売りまくった。

志木店から吉祥寺の路面店へ異動、いつしか「立て直し隊」と言われるようにまでなった。そこから青山本店の店長へ。すでに売上の良い店舗を任されるより、売上の悪いお店を伸ばす方が僕にとってみたら楽だった。

「これからの日本の未来のために無農薬の野菜を販売する」

会社の理念でもあった〝未来にむかっていく〟仕事は、自分が社会に何か貢献しているような気持ちになって、誇らしかった。

店長からエリアマネージャー、販売部長、商品部、農産物のバイヤー、経理、総務人事、そこから役員へと。ありとあらゆる仕事をしてきた。そのぶん、まわりの人には相当、迷惑もかけてきたはずだ。常に一緒にいた社員、農家さんたち、取引先の方たちは、社会に対する既存の仕組みに乗っていない人たちが多かった。仕事を通じて自分の価値観を高めて、哲学を作り出す人たちばかりで、そんな人たちと一緒に仕事できたことは、僕の財産だ。

その一二年という月日がいまの僕をつくった。まともに何もできなかった、常識的なことすら欠けていた僕に、会社は、さまざまな立場でいろんな経験を積ませてくれた。

いまでもナチュラルハウスの白川社長には心底感謝している。

なぜか野菜が好きだった

ナチュラルハウスでは、自然食品はもちろん、オリジナルのスキンケア用品、暮らしに関わる様々なこと、時間を提案していた。直営店舗だけでも、都内はもちろん全国に二〇以上の店舗を構えていたこともあり、「組織の中にいる」「全体の舵をとる」という感覚を持ちつつも、なぜか野菜だけは好きだった。当時の上司には「野菜ばっかりやるな」と注意されるほどだ。でも、野菜を見ていたからこそ、店舗を見る視野が広がっていった。当時の野菜はいまほど均一化されてなくて、四季を通じて色や匂いが店に広がり、その空気が広がっていく。毎日段ボールをあけるのが楽しかった。

加工品売場では、季節によっての変化はそれほどない。だけど野菜は毎日変化するので、「この野菜の旬は短いから季節感を出して販売しよう」とか「日持ちしない野菜は頑張って早く売っていこう」とか「この野菜は本当に美味しいから試食をして食べてもらおう」とか。販売することに向き合うほど、野菜の生々しさを見いだすというか。

とにかく、こういった野菜ほど、お客さまには伝わりやすかったし、手と手で販売をする感覚を培えた。旬がある、季節が変わる、そのことにいつもワクワクしていた。

だからかな、いつまでたっても、野菜に力を入れていた。

自宅の庭で栽培される、面白い野菜たち

バイヤーとして、全国各地の畑に行くと、その畑のわきで自生して、放置されている野菜に出逢うこともあった。

農家さんは僕を見ると、いつもクイズを出してくれた。「この野菜はなんでしょう⁉」と。そうやって、何も知らなかったバイヤーにいろんなことを教えてくれた。

でも、その面白い野菜たちは、ほとんどが流通に乗るために生産されたものではなく、農家さん自身が大事にしている野菜で、畑ではなく自宅の庭、あるいは畑のわき、で栽培されていた。

それらは「在来野菜」と呼ばれる野菜たちだ。

僕はそれを見て、心のどこかでワクワクする感じはあったけれど、社内に持ち帰ることはなかった。当時、そこに野菜のいのちの循環を感じるとか、自然の営みがあるということに、気づかなかった。というより、蓋をしていた。

会社では「無農薬、無化学肥料」の野菜を優先し、後々は有機ＪＡＳ認証を取得している野菜の取扱いを主にすることが今後の取り組み、課題としてあったから、社内に戻ると在来野菜の存在すら忘れてしまっていた。

そんなことを考えてみると、「知っている、知らない」ではなくて、「感じられるか、感じら

れないか」というところなんだなと、いま振り返ってみて改めて思う。

その頃、世界のオーガニック・マーケットでは

二〇〇一年、僕が野菜のバイヤーとして全国をまわっていた頃、有機JAS認証の表示規制が始まった。社内では、これまでどおりの独自の自社基準では、もう一つ上の「オーガニック」というライフスタイルを提案できない可能性がある、という懸念が生まれてきた。

海外のマーケットでは、もうすでにオーガニックの認証制度が整っていて、消費者の意識もそこと共にある。このあたりについてもあとで話題にするけれど、日本でもそういう流れになるだろうと見込んでいた。

そこで、その世界的なオーガニックのスタンダードをあらゆる角度から見るために、アメリカとヨーロッパにあるマーケットを視察した。

僕がそこで目の当たりにしたのは、野菜の陳列だ。とにかく躍動的で美しい。手にとらずにはいられないほど、とにかくわくわくして心が動かされる。僕が憧れる、量り売りなんかもあったりした。そして、その野菜のほとんどに、オーガニック認証マークが付いていた。

認証制度が曇りなくすべてが正しいかといったら、問わなくてはいけないところも実はある。けれども、こんなに愉しくお買い物ができて、それでいて、消費者はその認証制度を信頼して

オーガニックの食品を買うことができる。それは素晴らしいことだと思った。

それまで正しいことを発信するのは、正直、かっこ悪いことだと思っていたし、むしろ、かっこ悪いことをするのがかっこ良いと思っていた。けれど、正しいことがこんなにも愉しければ、美しければ、お買い物革命だってぜんぜんアリだ！　と意識が変わった。

そして社内でも、有機ＪＡＳ認証を取得した野菜を並べよう、という見解にいたる。

とにかくアメリカやヨーロッパのオーガニック市場に、あらゆる面で共感した。だから、自社でも認証をとった野菜を販売すること、それを進めることに異議はなかった。消費者の意識がついてこなかったとしても、半歩先のオーガニックのある暮らしを提案できると思っていたからだ。

そこから僕は、農家さんを回りはじめる。この有機ＪＡＳ認証取得について、その目的や仕組みを理解してもらって、認証取得の協力を依頼することにした。

ただ、その反面、気になっていたことがある。それは、有機農産物の日本農林規格第四条「ほ場に使用する種子又は苗等」について。読み解くと、日本ではＦ１種の種を使ってもよい、ということになっている。

農家さんがこの認証制度を取得することで、その野菜は、海外のオーガニックとの同等性を得られる。すなわち、世界的にも有機野菜と認められる。

でも、じゃあ種はどうなのか？

その疑問は、独立するまでずっと、トゲのように胸に残ったままだった。

あの日を境に変化が起こった――東日本大震災

二〇一一年に起こった、３・11東日本大震災。すべてにおいて混乱状況の中、仕事がらもあるが、一番驚いたのは、自社の店舗の食品棚が空っぽになったことだった。

野菜、お米、飲料はもちろん、加工品や紙製品まで。根こそぎ、なくなった。いや、なくなったことに驚いたのではなく、人々のその買う姿、買い込まざるを得ない心理に驚いたと言った方がよいかもしれない。

「一週間後に流通は戻る。だから必要なものだけを購入してください」

と再三メディアからアナウンスが発信されたが、まったく意味をなさなかった。一般的なスーパーマーケットにも、ドラッグストアにも、近所の小さな商店にも、人々の不安が表れていた。

東京は地方に支えられている。

僕らはそれを体感した。

その不安を埋めるかのように、流通はあっという間に日常を安定させてくれた。けれども、あの日を境に、物質的な変化、そして気持ちにおける変化が、誰にも生まれたと思う。もちろん、僕の中にも生まれた。言葉では説明できない、何かが変わった気がする。だが、しばらくたつと、その何だかわからない感覚を忘れてしまった。でも、それは大切なんだ、やっぱり大切なんだ、でも、それ、何だっけ、という状態をくり返して、つかめそうでつかみきれない。

その答えは、その後すぐに、はっきりとわかるんだけど。

福島県浪江町から、いまは北海道へ――岩倉次郎さんのこと

長い付き合いでもある、福島県の農家、岩倉次郎さん。

なんだかとても愉快な人だし、面白いから、福島県浪江町の畑には何度も足を運んだ。お宅にうかがうと、ゆっくりしてってね、なんて言ってくれて、まず、こたつにもてなされる。そしておもむろにトースターをどん、と持ってきて、食パンをチーン、と焼いてくれる。ほれ、くえや、って、一袋（六枚入）を全部焼いて、僕の皿に何枚も積み重ねていく、豪快でチャーミングな岩倉さん。もちろんジャムやはちみつを塗ってくれる。お茶菓子の代わりに。

家の中には土が入っている無数の瓶が並んでいる。ラベルには〇年〇月と書いてあった。一

定期間ごとの土、を瓶に入れていたのだと思う。この人は「ぼかし」の変態だ。

岩倉さんが畑の話をはじめると、もう、ずーっとおしゃべりが止まらない。熱く語ってくれるのは、そう「ぼかし」（有機肥料を微生物によって発酵させて、原形からぼかす＝薄めた肥料）のこと。菌を知ることで、手がかからない土ができること、最初の土づくりが最も大事で、とか。これまで岩倉さんがからだ一つで覚えてきたことを、朝起きてから夜眠るまで、朝起きたら昨夜の続きを、という感じで、ずっと話してくれた。

しかも、聞いていてとても楽しいのだ。身を乗り出して、さぁ続きをお願いします！　と、僕も戦闘態勢！

そういえば、いつだったか忘れてしまったけど「足元をあったためろ」といって、大量の藁を送ってきてくれたこともあった。僕が疲れているように見えたのだろう。

原発事故によって失われたもの

岩倉さんが住んでいたのは、そう、あの福島県浪江町。

原発施設のすぐ近くにあり、避難を余儀なくされた地域。地震があった次の日に、子どもたち家族と、奥さんと、皆バラバラに故郷から離れた。その時はその場を離れることしかできず、福島からとにかく離れようと、北海道に向かった。

お金はあまり持ち合わせていなかった。青森の船着き場に着いて「福島から逃げたいんだ、北海道に行きたいんだ、船に乗せてくれ」って、言ったところで、それを証明するものがなく、数日、船着き場で寝泊まりしていたという。避難場所も転々としていて、だいぶ落ち着いた頃に福島の会津を拠点にしながら、農業ができる場所を探していた。

そんなある時、岩倉さんから、悔しい、悔しい、と電話がかかってきた。

話を聞いてみると、東電と賠償責任や補償問題について話し合う機会を持てた、とのことだった。

「東電側から、〝なくしてしまったもの、補償してほしいものは何か〟って聞かれたから、〝種〟だって言ったら、〝たかが種でしょう〟と笑われてしまったよ」

と。

岩倉さんのことだから、きっと賠償して欲しいとか、元通りにして欲しいとかそういった気持ちよりも、純粋に「失ってしまったもの」として、種のことを伝えたかっただけなんだろう。

でも、それを聞いた担当者は「たかが種でしょう」と言って、笑った。

この、「たかが種」という言葉を聞いたとき、涙が出てきた。

僕は岩倉さんの人生のほとんどのことなんて、知らないに等しい。だけど、どれだけ「農」のことを大事にし、この種を大事にし、その土地を愛して農業をしてきたか、ということは身をもって理解しているつもりだった。

だから、僕も悔しかった。

なんだ、この状況は。なぜ、岩倉さんが泣かなくちゃいけないんだ、と、どこに向けてよいか分からない、怒りとも悔しさとも空しさとも違う、感情がこみ上げてきて、涙が出た。たぶん、この時点で、自分たちの力でどうにかできることではない現状、というものを突きつけられたのだと思う。

先祖代々、その命が途切れないよう、大事に大事に、岩倉さんという人が人生をかけて守ってきた野菜たちの種。ご先祖への気持ち、ご先祖の日常の記憶、そうしたものが詰まった種を「たかが」と言ってしまうその意識って、一体何なんだ？

種を守っていこうと思った瞬間

でも、ちょっと待てよ。一度、冷静になってみた。

この電力会社の人は、岩倉さんがどのくらいこの種のことを大切にしてきたのか、わからなかっただけだ。

きっと、ほとんどの人がそういう感覚だ。「種」と聞いて「ご先祖さまから譲り受けたもの」「だから大切なんだ」と、肌感覚でわかる人は、少なくとも僕のまわりにいる農家さん以外は、誰もいなかった。

これより過去の、かつての僕もそう。

身震いした。それは「感覚の危機」。

人の視覚、聴覚、味覚などの中にあるであろう、身体感覚のどの部分かは分からないけれど、とにかく、この種のことについて世の中の人は皆がそういう感覚なんだ。わからないんだ。

まずい、これはなくしてはいけない！　と心底思った。

その瞬間からずっと、僕は、種への想いが溢れている。

これまで農家さんたちとのつながりの中で、どうしても大事にしたい野菜たちのことは手に取るように分かった。そんな種や野菜のことを見過ごしてこのまま過ごしていくのは、なんか、いやだ。どうしても、いやだ。

だから、「たかが種」という言葉を胸に、独立することを決めた。

岩倉さんが移住先を求めている間、僕も何か役に立てないかと、さまざまな情報を伝えたり、可能性のある場所を紹介して一緒に土地を見にいったりしていた。その頃の岩倉さんは、仮の住まいを行き来していたから、電話をするとき「いまどこにいますか？」が最初の言葉。だけど、結局、故郷以外の畑は考えられなかった。岩倉さんはもう七〇歳を超えている。

「もう、開墾する余力が残っていない、畑をやめるよ」

　岩倉さんからそう聞いたのは震災から二年たった頃だった。何も言えない、これ以上何かを言うことも、提案することもできなかった。だから、僕は明るい話題を、と思って、子どもが生まれたことを話した。

　数日後、岩倉さんから小さな箱が届いた。子どもの靴だった。

　その箱のなかに、こっそり一〇万円が入っていた。

　びっくりした。すぐに、お礼の電話をしたら、

「あのとき、一番つらかったときに近くにいてくれてほんとありがとう。そのお返しだよ」

と。

　岩倉さんはいま、農家ではなくなった、僕は岩倉さんに何もできなかった。

　いまでもこのことを思い出すと、泣けてくる。

　なんだよ、この悔しさってやつは。

　なんだよ、この優しさってやつは。

二〇一一年九月、僕はwarmerwarmerとして独立した。

僕の中の「種」となる
＊土台に向き合うことをはじめた（独立後）

吉祥寺でのボランティア

独立して間もないころ、少し時間もあることだし、TERATOTERAという中央線沿線地域で開催されるアートプロジェクトのボランティアをすることにした。参加したその年は二〇一一年。3・11東日本大震災の影響を受けて、開催そのものについても議論されたりしていたけれど、高円寺から吉祥寺界隈を、街を、元気に明るくしよう、という気運があった。

展示、ライブ、ダンス、パフォーマンス。

さまざまなアーティストたちが福島への思いを表現した。そのひとつひとつをアートとよんだ。あの時でしかありえない空気感の中で。

これまでに、ボランティアという経験がなく初めてのことだったので、ひとつの企画をどう作り込んでいくのか、その仕組みを見ることもすごく勉強になった。アーティストの作品を通じて、地域が一帯となって盛り上がり、その時間を成功させたい、その気持ちだけで、皆がひとつになって自分の役割をみつけていく。

これをやってください、と言われたことはあまりなかった。自分たちで必要なことを出し合い、どう、進めていくか考えて行動する。日々、バラバラに過ごすスタッフが集まるのは、一週間に一度あるかないか。その間に走り出している個々のコンテンツの情報を、どう共有するか。

僕の具体的な役割は、メイン会場となる吉祥寺周辺の人と人の交通整理みたいなことだった。このイベントがこの地域の中でスムーズに開催できるよう、付近のお店の方や、地域の人と連携をとっていく。街とこのイベントが一緒に盛り上がるように体制を整えていくことだった。

吉祥寺には二年ほど前に越してきていた。だけど仕事ばかりの日々で、この街のことは全然知らなかった。夜、空いているお店に一杯呑みに行くくらい。だから最初は、この街の事情というものがまったく見えなかったけど、このボランティアに参加したことで、少しずつ吉祥寺という街の抱えていること、小さな個人商店の現状を肌で感じることができた。

この時に、とにかく、いまにつながる人たちに出逢った。

ある時、吉祥寺キチムの原田奈々さんから連絡があって、お姉さんでもあるミュージシャンの原田郁子さんも交えて在来野菜の話をすることになった。ふたりとも、野菜のことを熱心に想ってくれて、感じとってくれて。何か少しでも一緒にできないか、と考えてくれた。それがきっかけとなって、キチムのマーケットに参加して在来野菜を販売したり、当時のキチムのランチメニューに在来野菜を取り入れてもらったり。僕が野菜を調理する「古来種野菜の食堂」もたびたび開催させてもらった。

一緒にこの野菜のことを考えてくれている、一緒に取り組むパートナー的存在として、いまも、なにかとすぐに相談しに行くし、時間があれば、油をうりに行ってしまう。

名もなき僕らの声に耳を傾けてくれた原田姉妹とキチムという場の存在は、warmerwarmerにとっては大きい。

ジョン・ムーアとの出逢い

同じ頃、世田谷の自由大学で開講していたジョン・ムーアの菜園教室に通っていた。

ジョンは広告業界で活躍したのち、パタゴニアの日本支社長へ。東京でのいくつかの活動を

愛知早生とうがん（愛知県）

明治時代より栽培されていた大きなとうがん。果実の表面に白い粉がふきはじめたら、
熟してきたサイン。昔は軍手をしないと触れないほど、細かいトゲがあった。
市場に流通しなくなった理由は「運べない」「割れてしまう」など。
さっぱりとした酸味が特徴。

経て、現在、高知県の椿山という霧深い山奥へ移住し、オーガニックという哲学をもとに一般社団法人 SEEDS OF LIFE を立ち上げ、日本の在来種野菜や在来穀物の保全に取組んでいる。

講師としてのジョンの魅力は当時の僕にとって、素晴らしかった。A4サイズの庭さえあれば、さまざまな植物が育てられる、という講義だったはずなんだけど、公園にでかけて土を浄化する植物を見つけてきたり、種についてのプレゼンだけの日があったり。

結局、具体的な「A4サイズの庭さえあれば」といった話なんて、ほとんどなかった。だけど、彼が伝えたかったことは、育てる技術とかそういうのではなく、自分たちがすでに持ってしまっているさまざまなイメージを壊していく、そこから価値観を変えていく、それをどうとらえるか、どうつかむのか。

サラリーマンから独立したばかりだった僕には、「自由な発想のために自分の価値をこわしていく」といった感覚が新鮮だった。そして個人的に話をするようになって、いろんな場で一緒に仕事をすることになる。

「活動」をしている人たちとはいろんなところで出逢ってきたけど、農家ではなく、活動家というイメージでもなく、ジョンはとことん明るく、種や在来野菜のことについて語り、でも着地点は、種が大切だと発信し続けている。こんな人に、初めて会った。こんな伝え方があるんだ、と、出逢ってすごく嬉しかった。

レストランの店先で野菜を売る

渋谷にボブズリブズというレストランがある。

アメリカンなスペアリブを売りにしていて、がっつり、お肉を楽しめる。実は、小学校時代からの親友が経営しているレストランだ。

僕が仕事のない時だったから、店先で野菜を売ってもいいよ！　と言ってくれて、半畳ほどのスペースを借りた。

とにかくやってみないとわからない。何がわからないのかが、わからない。

机や、必要最低限の備品を準備して、在来野菜の販売をはじめた。一日の売上は五〇〇〇円いくかいかないかくらい。通りがかりの人に話しかけるも、まぁ、振り向いてもらえない。

それでも、ご近所さんが買いに来てくれたり、お得意様になってくださる方もいらした。

この時期、時間はたっぷりとあったので、この目の前の人たちをどう振り向かせるか？　そのことばかり、ずっと考えていた。

そして、興味を持ってくれた人に、すぐに見てもらえるように、ファイルをつくった。

そのときに気になった記事や、在来野菜の美しい写真、地域別の情報なんかを、まとめたファイルだ。いまでも、毎日のように持ち歩いている。常に新しい情報が入っている、というわけではないのだけど、自分がなんだか気になることをメモした紙きれや、小さな情報が、たくさんつまっている、大事な、おんぼろの黒いファイル。仕事の相棒だ。

その店でシェフとして働いていた男の子との付き合いにも面白い発見があった。料理が好きで、お肉も好きで。だけど、僕が持っていった野菜を食べれば食べるほど、その魅力にはまって、最終的にボブズリブズの野菜が、ほぼ、うちの野菜だった時期がある。

シェフの「味覚」という感覚が変わっていくことを目の前でみることができた。

彼は「おいしい」の味覚の種類を、確実に増やした。

そのことは僕にとっても、とても新しい気づきだった。

下北沢に半年限定の古来種野菜食堂をオープン

二〇一二年八月中旬頃、知人から、

「下北沢の飲食店が空いているから半年間だけ使わないか?」

と連絡をもらった。時間もたっぷりあったので、半年間やってみるか、その次のことは、そのときに決めればいい! と、在来野菜の食堂を始めることにした。

メニューは、在来野菜を中心としたランチプレートのみ。値段は九八〇円。ちょっとした飲

黒いファイル。仕事道具の一つ。鞄に入れて毎日持ち歩いている。もうだいぶボロボロになった。

物も用意した。週末やどうしても抜けなくてはならない時は、友人らがこぞって手伝ってくれた。

在来野菜は、味が濃く、香りもいい。それぞれの特徴が個性的だ。それはメリットなんだけど、調理が難しいとか、料理人泣かせだとか言われることも多い。調理をしようとするとその強い個性は、デメリットにもなる。いまの世の中は、メニューを先に決めて、そこに野菜を合わせようとするから、個性が際立つ在来野菜だと難しいのかもしれない。

けれど、野菜を見て、触って、生のまま一度つまみ食いしたりして、こういうふうに食べよう！　とイメージできると、あっという間に美味しく調理できる。そしてなにより、僕には強い味方がいたのだ。それは農家さんの奥さん！

農家さんの奥さんは料理上手な方ばかりだ。それもそのはず、毎日のようにご主人と一緒につくった野菜をいただくのだから、その美味しさを一番、知っている。どう調理していいかわからない野菜については、奥さんに聞いてみたりしていた。

たとえば、水分の多い日本かぼちゃは、いつも通りに調理すると、水分ばかりがでてべちゃっとしてくる。そんな時は、蒸してから出汁につけるといいよ、とか、茄子やきゅうりの種類によっては、一度、塩でもんでから調理するといいよ、とか。


そんなおかげもあって、実際のランチは一人で二〇食くらい回すことができた。それは、この野菜たちのおかげだった。決まったメニューなんてなくても、その日に届いた野菜を茹でて、炒めて、和えて。そんなシンプルな調理で十分に美味しいからだ。

今でも時々思い出すような印象的な日があった。その日届いた野菜の中で、どうしても歴史的背景を知ってから食べて欲しいこともあって、料理を運ぶ時、テーブルごとにその野菜の説明をしていた。満席だった店内は、みんな知らない人同士のはずなのに、野菜の話を聞きながら仲良くなって、盛り上がって。

食べ終わった人が「じゃあ、仕事にもどりまーす！」なんて席を立つと、残っている人が「いってらっしゃーい！」なんて応えていた。野菜がとりまく時間、っていうのがとても不思議なものだった。

食堂のオープンについては開店準備の時間が少なくて、きちんとした事前告知もできていなかった。当時はフェイスブックもやっていなかったし、ツイッターもはじめたばかりだった。それでも、日々、いろいろな方が足を運んでくれた。いまでも長くお付き合いのある方ばかりで、料理家の方、農家さん、ミュージシャン、さらに、わざわざ九州から来てくださる方もいらした。

たった半年間という期間だったけど、そのときに出逢った人たちは本当に暖かく応援してくださる方が多く、とても感謝している。

岩手県の種採り農家、田村和大さん

岩手県の農家、田村和大さんとの出逢いもこのときだった。

食堂がオープンする少し前に、僕のもとに一通のメールが届いた。内容は、

「頑張ってください、心から応援しています！」

というシンプルなもの。それが、いまもよきパートナーでもある、田村和大さんから送られたものだった。よくぞ、僕を見つけてくださった。

田村和大さん。エネルギーがブワッとしている農家さんの一人。岩手県ではメキメキとその頭角を現している。

田村さんは、東京から岩手に戻り、岩手県の在来野菜を中心とした農業をはじめたばかりだった。その当時、きっと田村さんのまわりには「在来野菜を作る農家さん」はほとんどいなかっただろうから、在来野菜のことをオープンに話せる環境でもなかったはずで、ひとつ間違えると、変わり者扱いされていたに違いない。

それは僕も同じで、だからお互いの環境はとてもよく似ていて、メールをやりとりしはじめると、話が深まり、なんと、奥様の佳代さんと僕が同じ会社にいたことまでわかった。

そんなこんなで大量のエネルギーが、田村さんと僕の間で共鳴してしまい、とうとう、田村さんは、食堂のオープン初日にかけつけてくれた。

田村さんが食堂の扉をあけた瞬間のことを、いまでも鮮明に覚えている。

「高橋君が買ってくれるなら
もうちょっとだけがんばるよ」

翌年の二月、契約が終わった。

引き渡しの前に、いつもより念入りに掃除をしながら、この半年の間に出逢った人を思い出していた。

半年という期間が決まっていたから、こんなに充実した日々だったのか。同じようなことを、違う場所でやったとしたら、どうなるんだろう。

またいつか「古来種野菜の食堂」は、やりたい。

でも、そのときも、今も、待っていてくれている農家さんたちがたくさんいる。

「高橋君、早く僕たちの野菜を買って、届けてよ」

「高橋君が買ってくれるならもうちょっとだけがんばるよ」

そう言ってくれる農家さんたちがいたから、僕は八百屋業に専念しようと思った。

＊世界のオーガニック、日本のオーガニック

世界のオーガニック認証制度

ここで少し、「オーガニック」を巡る一連の話について触れておきたいと思う。そのことが在来野菜と僕との関係に影響を及ぼしているからだ。海外のオーガニックと、日本のオーガニックの何が違うのか、僕なりの見解をここで伝えたいと思う。

世界には、「環境に配慮した農法でつくられた、安心して食べられる野菜（加工品）です」ということをわかりやすく伝えるための、有機認証制度がある。

たとえば、アメリカだと農務省全米オーガニック・プログラム「ＵＳＤＡ（米農務省）オーガニック」、ヨーロッパだと加盟国共通のオーガニック認証システム。基準は国や地域で異なり、また、その特徴もさまざま。

日本にも、農林水産省の「有機ＪＡＳ認証」がある。太陽と雲と植物がモチーフになった緑のマークだ。

世界では、「有機」「オーガニック」と表示して販売する時には、必ず、その国のオーガニック認証の基準をクリアしなければいけないというルールがある。もちろん日本でも「有機」「オーガニック」と表示するのであれば、「有機ＪＡＳ認証」を取得することが必須だ。

各国のその基準はその国独自に施行してあり、内容もそれぞれだ。だから、もし海外に輸出をしたい場合、輸出先ごとの認証を取得する必要があり、手間もコストもかかってくる。

そこで、自国で取得した認証制度の証明書を添付すれば、輸出したい国の認証を取得せずに「有機」「オーガニック」と表示して、販売することができる、という仕組みもあり、これをオーガニックの「同等性」という。

たとえば、日本の有機ＪＡＳ認証を取得していれば、以下の国での販売の時に、「有機」「オーガニック」と表示できることになっている。

日本の有機ＪＡＳ制度と同等の制度を有する国（二〇一五年一月現在）

・アメリカ合衆国
・アルゼンチン

・オーストラリア
・スイス
・ニュージーランド
・EU諸国
・カナダ
・コロンビア

ボトムアップで施行されたアメリカやヨーロッパの認証制度

海外の有機食品市場いわゆる、オーガニック・スーパーが、日本よりも早く発展した大きな理由は「自然へ還ろう」とか「地産地消」という哲学が根底にあった上で「もっと安全な食べ物を食べたい」「自分の暮らしているこの環境を守りたい」という消費者側の二つの欲求が高まったのがはじまりだった。

その声を聞いた農家さんたちは小さな団体をつくり、「これは環境に配慮した栽培方法で育てた野菜です」と、野菜に自社基準のオリジナルマークをつけるようになった。そのことによって、明確にその基準、思想、想いが伝わり、消費者が望んでいる野菜が買い求めやすくなったのだ。

農家さんや団体が、それぞれの基準を表明するマーク。その想いや思想が浸透して増えてくると、新たに「基準」の問題が出てくる。その特徴に幅が出てしまい、人々の間で混乱が生じてきてしまうのだ。

そこで、一九八〇年頃から、国が法として整備しはじめ、その国の認証制度の格となるもの、もしくは認証制度そのものが施行されてきた。

国が認証したマークは当然、世界的にも信頼されることになる。ここでいう信頼というのは、その国の市場に並んだ時に、安心安全の基準が明確であるということ、そして、海外に輸出された時にもその効果を発揮する、ということだ。

そして何より重要なのは、アメリカやヨーロッパの認証システムは、農家、消費者団体などが共有していたオーガニックへの意識から流れや道すじをつくり、それを、国に法として整えてもらう、認めてもらう、いわゆる、ボトムアップで施行されてきた、ということ。

トップダウンで施行された日本の認証制度

対して日本では「海外への輸出」を目的とする動きから、認証制度施行への流れがはじまった。

それと、もうひとつ。

当時、日本では野菜の産地、農法などの表示偽装が激増していた。

海外の場合

ボトムアップ

4

オーガニック認証制度の施行！

3

国が制度として整えはじめる。
（日本の1→2と同様。）

いろいろありすぎて混乱

浸透してきたら…

基準の問題

2

農家さんたちは、マークをつくりだした。

これは環境に配慮した栽培方法の野菜です。

1

消費者の声

オーガニックな野菜だとわかるものを！

地産地消

もっと安全な食べ物を食べたい

自分の暮らしているこの環境を守りたい

農家さんとつながりたい、守りたい

じゃあ、どうする？

日本の場合

トップダウン

1

日本の食品を海外に輸出したい。

海外との同等性がほしい！

FAO食糧農業機関

コーデックス委員会による国際食品規格

WHO世界保健機関

1963年設置／加盟国165ヶ国／世界共通の基準の設定
「自由貿易の推進」「消費者の健康保健」

2

2001年有機JAS認証制度の施行。

肥料や資材は安全性の高い海外産のものを使ってもよい。

F1の種を使ってもよい。

？

- これまでの営み
- 日本の国土
- 消費者の声
- 在来種のこと
- 農法etc……

3

野菜にはJASマークが。

4

消費者の声

みんな買ってるし

なんとなく

オーガニックな暮らしは、あこがれる

農薬は嫌よね

国が言うなら安心

ここの意識の開き。

箱には有機だとか無農薬だとか書いてあったりするけど、なかに入っている野菜はそうではない。それを一掃するべく、その施行に拍車がかかることになる。

そして二〇〇一年、国際的政府間機関であるコーデックス委員会が定める「国際食品規格」にあわせて有機JAS認証を施行した（コーデックス委員会：一九六三年、WHO［世界保健機関］とFAO［国際連合食糧農業機関］によって設置されている国際的な政府間機関。世界共通基準の設定により「自由貿易の推進」「消費者の健康保護」を目的とする）。

この「国際食品規格」というのはもちろん「世界共通の基準」でもある。多くの国々が、オーガニック認証について考える時に、少なからずここに準じていることは確かだ。

「海外への輸出」を目的としている日本も同じく、先進国としての意識もあり、海外との同等性を優先していく。ということは、世界基準にそって日本のオーガニックを進めることになったということ。

ここからの話が重要だ。

この法の施行にあたり、これまでの日本の農業の技術や特徴、農家さんの意見、そして消費者の意識が、ここには反映されなかった。ようするに、これから育てていこうとしている「日本のオーガニック」という新しい認識を、農家さんや消費者と共に考えることができなかったのだ。

僕らが大量生産、大量消費のことについて、無感覚になってしまったのは、トップダウンでの施行だったがゆえなのか。消費者の僕らにもその影響を及ぼしている、というのは言い過ぎなのかな、どうなのかな。

大事なことだから、もう少しだけこの話を続けよう。

有機ＪＡＳの認証制度について、僕の感覚

在来野菜と向き合っていくときに、この有機ＪＡＳ認証制度についてどう捉えていくかというのは、感覚として持っておくことは必要だと思っている。

それは、大小関わらず、農法にも関わらず、日本の農業そのものを、そして、その全体を捉えておく事は、小さく活動する上で必要な事だと思っているからだ。

この認証はグローバルスタンダード。だけど、この基準が日本の「スタンダードなオーガニックか？」というと、いろんな説明が必要になってくる。

こういった制度は世界どこの国でも、近年急速に制度化されたもの。だから、まだまだ発展途上のところはある。

だけど僕がこの認証制度について思うところは、日本人がずっと昔から営んできた「農の仕事」とのリンクに温度差がある、というところだ。

この有機JAS認証では、使ってよい農薬、肥料や資材の原材料は、もちろん安全性を明確にしたお墨付きのもの。だけどそこには海外のものが含まれている。その「安全な海外産の有機肥料」を「日本の土に入れてよい」とされているのだ。

そしてもう一つ、違和感を覚えるのは「種子」の部分だ。

有機農産物と認定されるためには、農薬や化学肥料、遺伝子組換について、厳しく定められた基準をクリアする必要がある。だけど、種についてはどうか、というと、有機栽培された種子、いわゆる「有機種子」や「有機の苗」を使うことが基本とされているが、「入手困難な場合は、非有機、種子消毒を施された種子を使用しても良い」とされており、これは実に曖昧な内容とも捉えられている。そもそも日本では有機種子の供給が間に合っていないのが現状だからだ。

だから結果として、有機農産物とはいえ、そのほとんどは有機種子を使っていない。

在来野菜たちの種類がこんなにも存在するというのは、日本人が農耕民族だという動かぬ証だ。その土地を知り、そこでしか味わえない野菜を作り続けて、自然と調和しながら営んできたその農家さんたちが、たくさんいる。目の前にいる農家さんたちを見ていれば、それだけで海外のスタンダードより、もっともっと素晴らしいガイドラインができたんじゃないかって思ってしまう。

僕が考える「日本のオーガニック」は、農家さんの畑にある。

海外より遅れている、消費者の意識や声

二〇〇一年、この有機ＪＡＳ認証は、日本の国際食品基準とされた。販売する食品に、有機ＪＡＳ認証のマークがなければ、「有機」「オーガニック」と表記してはいけない、ということだ。現実として、この認証がないよりあったほうが海外のマーケットには信頼される。

また、海外のオーガニックの常識として、消費者からの「もっと情報を開示された食品であってほしい」「農家さんとのみえなくなってしまう関係性を制度として補ってほしい」「そしてその農家さんたちを応援したい」といった声や、そのマークや認証への期待や信頼というのは、日本とは比べられないほどの意識のなかで成り立っている。

日本では、まだまだ、認識も意識も低い。だから一概に、有機ＪＡＳ認証をとったほうがよいとも、とらなくてよいとも言えない、ただ、そういう海外の動きというのは、みんなで意識していく必要がある。認証そのものの存在というより、消費者としてどうして欲しいのか、という意識や声のあげ方は、海外より遅れているのは確かなこと。

僕らはもっと、声をあげなくちゃいけない。

そして、理想は、認証を超えた関係。あってもなくてもよい、農家さんと消費者の、互いの顔と顔がみえたら、もうそれでいいんじゃないかな。

その農法は未来への希望を込めている

有機栽培をしている農家さんたちがまだ少なく、自然食品店は数えるくらいだった一九七〇年代。そこからクリックひとつで野菜が届くようになるまでにたったの四〇年。オーガニックが世の中に浸透してきたのは、これまでの先輩たちの活動があったからに違いはない。

ただ僕としては、この状況の中で、ひとつ欠けていることがある気がしている。おいてけぼりになっているのは、先駆者たちが何より伝えたかった「環境への配慮」だ。

日本の場合、「オーガニックな暮らし」とは、人が真ん中にいるライフスタイル（僕には時としてファッションにもみえる）として浸透している。おしゃれだし、素敵だし、なんかこう都会的な感じさえする。

だけど本当のオーガニックというのは、そのスタイルを超えたところにあって、僕らが真ん中の暮らしではない。環境の中に僕らがいるのであって、動物と人は並列だし、人間が賢いように見えるのは、人が作り上げた都合のよい話だ。

野菜がつくられる畑では、土の中の微生物、土の上の動物たち、その土をつくっている蓄積されたもの、風、太陽の光、それらすべてがおりなす環境の中で野菜がはぐくまれていく。時にはそのすべては味方にもなり、時にはそのすべては被害をもたらす。

だけど、人が自然の中の一部として、植物でもある野菜に寄り添い続けることが次世代へその循環する環境をつないでいく。僕がリスペクトしている先輩たちというのは、本当は、そういうことも合わせて伝えていきたかったはずだ。

ただ、いまのこの状況では、自分たちが健康で暮らしていくためのオーガニックでしかない。生態系を含むこの日本の環境を保つため、よくするため、それを次世代に残すため、そのために有機野菜を食べる、という意識ではない。悲しいけれど。

僕がお付き合いしている農家さんたちは、その気持ちをすごく大事にして仕事をしている。その農法というのは、希望を込めた思想なんだ。野菜を栽培することで生活していくという、ふらふらに厳しい状況なのに、そこに、未来への希望を込めている。毎日、農仕事をする時の、目の前の景色をずっと見ていられるように。これを子孫たちへつなげていけるように、と。

食のつじつま

なぜ、わざわざそういうことまで伝えていくのかというと、もっと皆が楽に生きて欲しいなと、思っているからだ。

自分に何ができるんだろうと、ずっと自分探しを続けているとか、もしくはその逆で、納得できない社会に対して、ずっと問い続けるのも、自然だけど不自然だなと感じている。

食はちゃんとしているけれど、じゃあ住まいはどう？　じゃあ洋服はどう？　そのバランスをうまくとりながら暮らしていかないと、自分を肯定できなくなってきて、何だかいろいろこじれてきたりもする。

「食べること」というのは、とても身近で動物的なこと。

だから、そこさえ自分の中でつじつまがあっていれば、人の想いをどう受け取るか、食から学ぶことができる。後は、少しくらいそれていたっていいし、自由にすればよいじゃない。

＊

LOVE SEED！とは
warmerwarmer の
独自基準のマークです

あなたは、種を守っているひとりなんです

二〇一三年九月、伊勢丹新宿本店での販売が決まった。

そこに行きつくことは至難のわざ。そんなことは百も承知なのだけど。
「僕らの消費で社会は作れる」その「意思」を、表明したかった。

その奇跡については後にお話しするとして、せっかく「さまざまな人」に「毎日、在来野菜を見てもらえる場」である。つまり発信したら誰かが気づいてくれる場、であるのに、ただ、野菜を並べるだけで良いものか……と販売が決まった後で気持ちが収まらずもやもやしていた。

もうひとつ、何か、もうひとつ、この野菜たちのストーリーを伝えるために、どうにかできないかと考えていた時に、ふと気づいた。そうだ、いま、日本でやるべきことは、本当のオーガニックについて、意識をつくる、まとまる、その意識を底上げすることだ、と。

「種から育った野菜なんだよ！」

「それを食べることによって、種を守っているんだよ！」

というメッセージを、販売する野菜自身から発信してもらおう！　そしてその野菜を手にした人は「種を守っているひとり」となる。そんなマークが、ぜひとも欲しいと思った。

僕が、ひとりの消費者として、そういう世の中にしたいって思っている、その欲求を、そのステッカーに託したかった。野菜を手にすることで、

「僕らの消費で社会は作れる」

その「意思」を、表明したかった。

いまの日本だとそこに行きつくことは至難のわざ。そんなことは百も承知なのだけど、意識を持っていることがわかるマークはいまこそ必要だ。アメリカやヨーロッパのように、ボトムアップで、社会を創れる、と信じたかった。

そして、ＬＯＶＥ　ＳＥＥＤ！　のマークを作った。

胸をはって言えることだけど、これは非公式で、まったく何の効力もありません！

三年たった、ＬＯＶＥ　ＳＥＥＤ！

伊勢丹新宿本店で販売する時、そして小さなマーケットに出店する時、いつもこのマークを

つけて販売してきた。そして今年で四年目。

「このマークの野菜、こないだ伊勢丹で買ったわよ。でも、何のマーク？」

とか
「あなたたちが売ってるのね！」

と、本当に少しずつだけど、声をかけてもらえることが多くなってきた。

知らず知らずのうちに目に入って、どこかで見たことがある、これは何だろう、と、そうした感覚的な点が、さまざまな偶然で線になって、その意味を理解しようとしてくれていることはとても嬉しい。まさに、しめしめ、だ。毎日のように、ぺたぺたと野菜の袋にステッカーを貼っている地味な作業も報われるってもので。

高木幹夫さんからいただいた
「種から国産」マーク。

「種から育った野菜なんだよ！」

「それを食べることによって、種を守っているんだよ！」

というメッセージと、それでいて消費者に寄り添うようなマークが、農家さんや販売者の中でたくさん増えていけば良いなと思っている。

そう思っていたら、愛知県で農家をされながら

あいち在来種保存会とは、日本の種の 90 パーセント近くが海外で生産されている中
「種から国産」という理念を持ち、愛知県で認定された伝統野菜 35 品目を絶やさないよう
活動されている農家さんの集まり。高木さんはその保存会の代表。

「あいち在来種保存会」の代表をされている高木幹夫さんがつくっていた！

前ページのマークをみて欲しい。LOVE SEED！ と比べてください。

高木さんは僕に「ごめん」って言っていた。

僕は大爆笑した。

いい、いい、ぜんぜん、いい。このまま、どうぞ、ずっと！ ずっと！ 使ってください！

実は、心底嬉しかった、ほんと、心底嬉しかった。

第2章
最初に伝えておきたいことが、いくつかあって

＊

僕の意識がすべて
正しいわけではないけど、
あなたはどう思う？

僕が持っている意識が、すべて正しいとはまったく限らない

僕がこの、種とか野菜とかのことについて話をするときに、最初に伝えておきたいことがある。いろんな話をするけど、その大前提としての僕の意識はこうだ、というところ。そこを伝えてから、この話の続きをすることができる。

僕が持っている意識が、すべて正しいとはまったく限らないし、少し強い言葉になってしまうところもあり、時おり確信めいたことも言うけれど、されど、僕一人の意見だ。もっと別の意見だってたくさんあるはずだ。

もし、誰かが、僕の意見のどこかに違和感を覚えたとしたら、喜んで話をしたい。僕はこう思っているけど、あなたはどう思う？　って。

僕がここで伝えることとは、この在来野菜たちのことを毎日二四時間三六五日考えているとい

うこと、そして、野菜たちを毎日触っていること、朝起きてから寝るまで、ずーっと農家さんたちとばかり連絡を取っているから、ほとんど友達がいないとか、そんな日常の中から出てきた、僕なりの見解。

僕らはみんなジーンバンクだ

在来野菜の種を守りたい！　という想い。

その想いをもとに、いろんな人がさまざまな方法で種を守る活動をしていて、さらに、七二頁の図のように、縦のつながりの中で協力しあったり、横のつながりの中で発信しあったり、実に密に取り組んでいる。

―１―　ジーンバンクによる保存

日本での公的な「ジーンバンク」と呼ばれるところは、全国に二か所ある。ひとつは、一九五三年に設立された農林水産省による農業生物資源研究所ジーンバンク（現、茨城県つくば市）。このジーンバンクでは、大量の遺伝資源を集中して管理しており、またここをセンターバンクとして、全国にサブバンクが存在している。主な目的は研究や保存。ここに保存していた種を蒔き、伝統野菜が復活、そこから地域活性化のためのブランド化に成功している

守りたい！」という想い

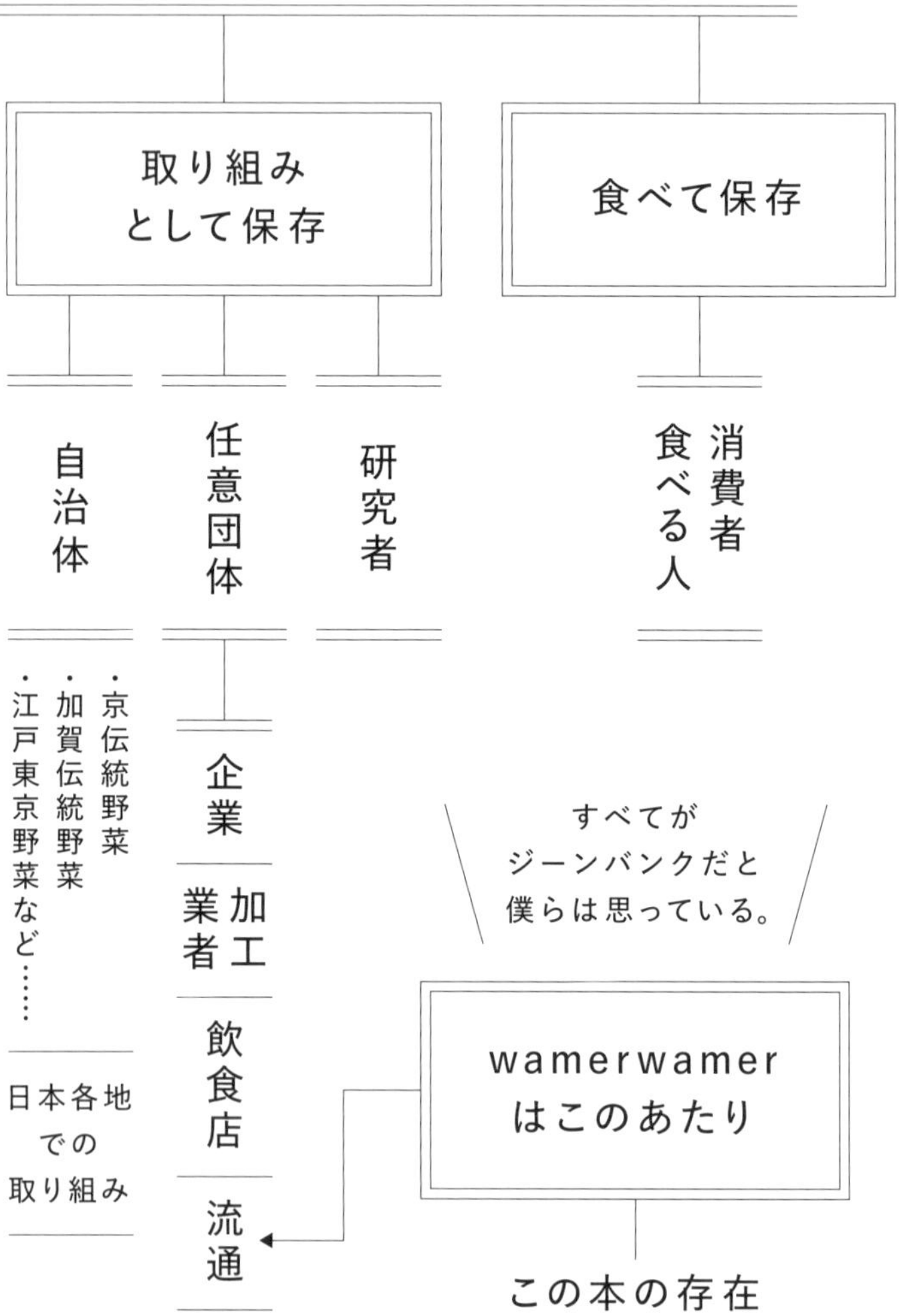
取り組みとして保存
食べて保存
自治体
任意団体
研究者
消費者
食べる人
・京伝統野菜
・加賀伝統野菜
・江戸東京野菜など……
日本各地での取り組み
企業
加工業者
飲食店
流通
すべてがジーンバンクだと僕らは思っている。
wamerwamerはこのあたり
この本の存在

在来野菜の「種を

- ジーンバンクによる保存
  - 独立行政法人
    - 1953年設立
    - 農業生物資源研究所
    - ジーンバンク（茨城県つくば市）
  - 一般財団法人
    - 1989年設立
    - 農林振興センター
    - 農業ジーンバンク（広島県東広島市）
- 栽培による保存
  - 農家さんの畑の中で
    - 農家さん
    - 農家を支える人々
  - 種やさんによる栽培用として

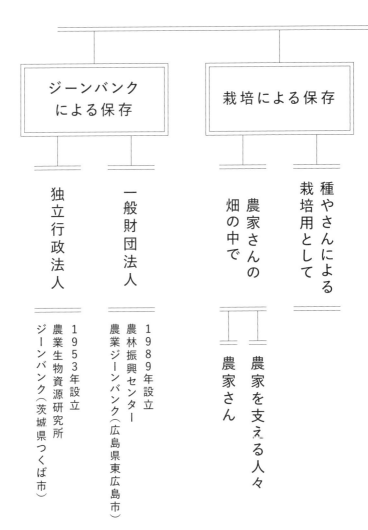

ケースも多々ある。

もうひとつは、一九八八年、広島県東広島市に設置された、広島県農林振興センター農業ジーンバンク（現：［一財］広島県森林整備・農業振興財団）。どちらのジーンバンクも、種を販売して経済的な利益をあげる団体ではない。

また、種そのものの研究とまではいかなくても、それぞれの土地において、歴史的な背景を明確にし、種、農家さん、食事がもっと身近になるような仕組みの中で運営しているシードバンクは、全国に点在している。

―2― 栽培による保存

農家さんの畑の中で育種をしていく、そして、その農家さんのまわりには、一緒に種を守る活動をしている人がいる。また、種やさんによる栽培用の種採りをした種。こちらは販売用。

―3― 自治体ほかによるもの

一九七〇年くらいから、京伝統野菜、加賀伝統野菜、江戸東京野菜など、日本各地で自治体の取り組みが盛んになってきた。その他、任意団体として、企業、飲食店、流通（僕らwarmerwarmerはここに属する）、研究家の方の活動も取り組みのひとつ。

—4— 食べて保存

僕らは、在来野菜を食べることによって種を守っている。

栽培による保存、
取り組みとしての保存、
食べて保存。
方法はそれぞれ違うけど、その目的はいずれも同じ。
だから、僕はこの中に存在している人たちみんながジーンバンクだと思っている。
warmerwarmerは「取り組みとして保存活動」をしている「流通」に属する。だから、ここで書くことのすべては、この流通からの発信だ。

在来野菜がなくなることは、食文化がなくなるということ

在来野菜がなくなるということは、その土地の「独特な野菜を失う」「文化を失う」ということ。そういった野菜そのものが背負っている、歴史、文化、そこに関わってきた人々の想い、

というのは、計り知れない。

その年の豊作を願うために、お祭りをして、お供え奉る。お祭りでは、わざわざハレ着に着替えて、重たい大きな神輿や樽、米俵なんかを背負ったり、馬鹿げたようにくるくる回したり。時には舞い上がる炎にその願いを託した。

こうして季節ごとにくり返されてきた行事は、その地域の文化となる。一筋縄ではいかない、収穫までの道のりを、地域の人たちは同じ文化圏の近隣の人たちと共有してきた。それを失うということが、どういうことなのか。

現代の僕たちが、日々何かが足りないと感じる気持ち。それは、僕らの中に、

「自分を作ってくれている野菜への祈りがないこと」

なんじゃないかと思っている。隣近所の人たちと一緒に、祈り、願い、踊り、歌う。そんな動物的な本能を祭り騒ぐ時間の中で共有してきたのに、いまではすっかり「祈り」から遠く離れてしまった。僕らは、いまやそんなことを経験する機会はほとんどない。

だけど、なぜだろう。

遠い祖先が愛した日常、それらを包む文化に、懐かしさと喜びの感情を覚えたりもする。

僕らの中では、記憶として覚えているわけではない。もっと心が踊るような出来事として、身体の一部に記録されている感じがするのだ。

だから、在来野菜がなくなるということは、僕らのその身体の一部に記録されている感覚を

なくすことになる。

「農」と「農業」の違いを整理しよう

これからの日本の農業はどう変化していくんですか？　といったことをよく聞かれるけれど、無責任で申し訳ない、それは僕にもわからない。

僕なんかが想像や予測できることなんて、たかがしれている。ただ、農家さんや消費者が、何か「農」について不安を覚えているとしたら、「農」と「農業」の違いを整理すると、考えを少し先に進めることができると思っている。

僕らが扱っている在来野菜たちは「農」から生まれているものだ。

その栽培方法は、自然に寄り添い、それぞれの成長段階にあわせていく。農家さんがその時だと思うタイミングで、成熟した野菜を選んで収穫するし、また、必ず収穫できるとも限らない。だから「今日、どんな野菜を、どれだけ納品する」というような既存の流通システムに入るとしっくりこなくて、ほうぼうでストレスがかかる。

暑ければ、寒ければ、と、さまざまな季節の変動により成長は左右される。本来はそれが自然であり、作る人も食べる人も、皆がそうしたことを受け入れ、寄り添っていく。それが

「農」だ。

自然環境によって、その年によって、豊作なのかそうでないのか。人は食べていけるのかそうでないのか。常に不安でいっぱいだ。だから、水の神、野の神、山の神に、その存在を信じている自然界の神たちに、豊作を願い、祈り、踊り、祭りをする。収穫の頃にはその喜びを分かち合い、神さまへ感謝をする収穫祭がある。

いわゆる、日本の伝統的な食文化を作ってきたのが、この「農」である。


一方、「農業」というのはアグリカルチャーのことで、国が経済としてみなす産業の中の一つ。わかりやすく言うと、安定した収穫ありきの中でできあがっていく仕組みのこと。いかに効率よく、生産性をあげるかを目的とした産業。

日々忙しくなっていく人々は台所に立つ時間を短縮したい、料理に手間ヒマをかけられない。外食産業では特に、より簡単に、より短時間で、より安く仕上がることが求められる。そこに加工品の需要が出てくる。バイヤーたちが電話やファックスだけで一方的に注文する野菜たちのことでもあり、それらの規格化された加工品だ。

だから、そこには、願い、祈る、祭りはない。


いま、僕らが野菜の話をするときに混乱してしまうのは、「農」と「農業」について整理ができていないから、ということも多い。農家さんたちの中でも、「自分たちはこれからどうなっていくんだろう」と不安にかられることがあると思うけれど、それは「農」と「農業」が混在していくことを想像してしまうからだろう。

農は農で残していく仕組みを考えなくてはならないし、一方で農業だってそれは同じだ。農が農業の中に入ったら、なくなってしまう。農業は農業であってほしい。

僕は、自分が「農」に関わる八百屋という意識でいるから、必要なことは考えて整理しておく。けれども、農業に関わっているわけではないし、そこに対しての意識や知識も乏しいから、それについては誰とも話をしたりはしない。無責任かもしれないけど、ただ、ただ、「農」に寄り添うだけだ、僕は農業とは違う場所にいる、だけど、共存しなければ、とは思っている。

＊　Ｆ１種の野菜のこと

家族で囲む食卓の中に、在来野菜が一皿あってほしいと願っている

Ｆ１種の野菜を
人にたとえると、
同じ顔の、同じ背丈の人ができるということ。
僕らとまったく同じクローンなんていないし、
親からもらった、大事な目や口や耳がある。
その精神と共に、唯一無二。

Ｆ１種の野菜を
人の人生にたとえると、

とっとき1号（愛知県）

「とっとき」＝「とっておき」な1号。
1990年代に愛知県森林・林業技術センターによって日本で初めて
太くて大きいエリンギが開発された。濃厚でジューシーな味。

それらは先がよめて、先が決まっている人生を過ごす。
生も死も。

僕らの人生、いったい何が起こるかわからない、
だから、日々幸せであるようにと、祈る。

なぜ、人が、植物の種を、
コントロールしはじめたんだろう。
その背景はすごく複雑だ。
ひとつ、ひとつ、紐解くには時間がかかるけど、
足りないことだらけかもしれないけど、
間違っていてもいいから、
一度、じっくり考えてみよう。

「農」と「農業」について話をしたとおり、僕は「農のしくみ」を考えていくことが役割だと思っているから、僕がF1種の野菜について多くを語ることはない。F1種の野菜については、もっと別の見解がもっと別の場所であるはずだと思っているから。

だけど、改良のはじまりは、やっぱりそこも「愛」なんだと呑気に思っている。戦後、食料の確保が困難な時期を体験したおじいちゃん、おばあちゃん世代が、これからの子どもたちに、ひもじい思いをさせないようにすすめてきたことでもあるから。

僕が目指しているのは、一般の野菜たちと在来野菜の共存。家族で囲む食卓の中に、在来野菜が一皿あってほしいと願っている。僕が生きているあいだにできることだとけ全然思ってはいなくて、いまはただ、風穴をあけに立ち上がったばかりで。どこに穴があくかな、こっちかな、こっちかな、と探っているところだ。

とはいえ、F1種についてはやっぱり知っておいた方がよいと思うので、ざっくりとみんなで考えてみようと思う。そして自分なりの、いま持ち得る見解を出してみてほしい。

野菜の種は、大きくわけると「固定種・在来種」と「F1種」に分けられる。そして、現在、一般的なスーパーに並んでいる野菜のほとんどは、ほぼF1種。そして有機栽培の野菜も、やはりF1種が大半というのが現状だ。

固定種・在来種とは

固定種・在来種というのは、僕がこれまでさんざん話をしてきている野菜たちのこと。

農家さんが、野菜の種を採り、その種を蒔いて育てて、また種を採る。そういった種採りを、何十年も、何百年もくり返していくと、固定された形質が親から子どもへ受け継がれていくのが特徴。その土地の風土に馴染むことから、農薬や肥料も少なくてすむ。とはいえ、成育時期や形、大きさなどが揃わないことも多く、いまの流通にのることはなかなか難しい。

その土地のさまざまな人たちと関わりあい、その土地の文化をつくってきた存在で、昭和三〇年代頃まで、ほとんどの野菜は、この固定種・在来種だった。

大根だけで一一〇種類もある国は、世界をみても、ここ日本だけ。スーパーマーケットには青首大根しか並んでいないけど、本当は紅色や、薄い黄緑色だったり、その葉や茎の美しいグラデーションがあったり、小さいけど太かったり、大根かと思ったらカブだったりするものがあったり、とにかく表現しきれないほどの多種多様な「日本の大根」が存在する。

これは、世界に誇る、日本の多様性なのだ。

F1種とは

大量生産、大量・周年供給、大量輸送（現代の僕らの欲望のようなもの）などを可能にするために、人為的に改良された種のことで一定に育つ特徴を持っている。

大きさが揃い、味も均一、収量がとれる、日持ちがする、見栄えがよい、成長のスピードが整う、一ケースの価格が固定できる、などの利点は、急速に人々の日常の中に浸透していく。

ただ、この種がその性質を保てるのは一代限り。

固定種・在来種のように種を採ることはできないので、農家さんは毎年、Ｆ１種の種を購入するところから農業がはじまる。

＊

固定種・在来種の野菜が衰退したいくつかの理由

高度成長期の大量生産、大量・周年供給、大量輸送にむけて

一九六〇年代から、日本の高度経済成長が始まった。

また、一九六六年に施行された「野菜生産出荷安定法」の影響も受ける。これは、一四種類の野菜について（キャベツ、タマネギ、白菜、人参、大根など）種類指定産地と指定野菜を決

めて、野菜の流通量を調整していく仕組み。ようは、国が大規模農業を推進した、ということ。その野菜を運ぶには、同じダンボールの中に同じサイズの野菜を積んだほうがより効率的だ。

さらに人口がどんどん増え、都市へ人口が集中しはじめた。その需要をみたすためにも大量生産、大量・周年供給、大量輸送が必要となった。

そのためには「誰でも、どこでも、いつでも、どんな品種の野菜でも栽培できる」ことが求められるようになる。ようは、生産から流通までの一連の流れを、より効率化、画一化（個々の性質や事情は重視されず、全体を一様にそろえること）することが求められたのだ。

そうすることで、多くの在来種・固定種の野菜たちが、一代交配のF1品種に代わり、品種の単純化が進んでいく。

さらなる追い風になったのは、インターネットの普及だ。

Web上での販売システムは「単品管理」。一個という単位で商品の値段を登録して販売する。「一個いくら」の世界。だけど、「規格を揃える」そこへの需要がますます大きくなっていく。在来野菜というのは、一つずつの大きさがバラバラだから、登録のしようがない＝販売しづらい＝買う人にもわかりづらい。

後継者の問題も

種採り農家に限った話ではなく、日本の農業は七〇代の方々が中心になっていることは事実で、後継者問題は深刻だ。

おじいちゃんやおばあちゃんが、次の世代に大事な種や野菜を託せない、その胸中は複雑だ。もちろん、その野菜が続いてほしいと願っているけど、この野菜をつくることで生活ができるかと言ったら、そうではない。だから、安定した仕事をみつけてほしい、苦労せずに幸せになってほしい、と思ってしまうのだ。

そんな中で、農家さんたちの年齢層が上がるほど、種を採ることがハードな労働となり、F1の種を買わざるを得ない状況にもなる。そうなってしまうと、この時代の中で、その種は終わってしまう。

東京オリンピックを境に

一九六四年の東京オリンピック。

世界からのお客さまを迎えるために、いろんな国の野菜を輸入するしくみができた。同じ頃、海外へ修行に行き、日本へもどってきたシェフたちが次々とお店をオープンさせる時代も到来。洋食がより身近な食事として浸透していく。くわえて、流行のあるデザートブーム。

その結果、洋食がより身近になり、洋野菜が一般的になってきた。さぁ、スーパーマーケットは大変だ。お客さまのニーズに答えるため、洋野菜、中華野菜などの品揃えが、どんどん必要になってくる。市場業界ではこれを「野菜の流通革命」と言っている。その結果、スーパーマーケットの青果コーナーはどんどん縮小されてしまった。さらに売り場の効率を反映させ、青果コーナーにいるのは、商品として野菜を棚に並べるスタッフだけ。

そして二〇二〇年、東京オリンピックがやってくる。前回の開催時には、野菜の流通革命が起きた。であれば、次のオリンピックの時、日本の食文化はどう変化していくのだろう、人々はどうしたいと思っているのだろう。

僕としては、海外からくる、お客さまたちに、日本人として本当に食べてほしいのは、その土地の伝統的な大根でつくった、大根飯なんだよなぁ。

メディアの中での野菜の意識

在来野菜は、メディアが取りあげづらい。たとえば、書籍やインターネットによるレシピでいう「大根」は、全国いつでもどこでも買える「同じ大根」でなければいけない。そうでないと、消費者がつくれないから。

たくさんの人に見てもらいたい、という意識が過剰に働いている。

＊　僕が懸念していること

まず、F1種の野菜を否定はしない

僕は、F1種の技術はすごいと思っているし否定なんて全然できない。農家さんたちが安定した収入を考える上では、現在、その存在は不可欠。

そして、戦後の食糧難を乗り越えたこと、現在の食料を供給し続ける上でも、僕らを支えてきたことは事実だし、この状況がいますぐに変わることはない。

さらには、世界中で解消されていない飢餓や餓えがある国では、必ず必要な種であり技術でもある。

これは日本の誇る技術だ。

もっと身近なところでいうと、飲食店や、インターネットでの販売、スーパーマーケットでの売場が計画的に経営、運営できるということは、計画出荷ができること、規格が揃うことが、必須なのだ。それはF1種の野菜の存在そのもの。

ただやっぱり、僕らの祖先が食してきた野菜たちは、その文化のすべては、自然の摂理の中で育まれてきたもの。だから、わざわざあれこれ理由を言わなくても、ただ単純になくなったらいやなんだ。

その、なんとなく、いやだなってところに理由なんていらないよね。

味覚の多様性が失われていること

多様性とは、

この世界には、

いろんな生物が多様に存在して、

その生物の一つひとつの命を支えている。

多様性が存在するということ。

生物である僕たち人も、
いろんな人が多様に存在している。
その人のひとりひとりの命を支えている、
多様性が存在するということ。

僕が懸念している最大のことは、「味覚の多様性」だ。

「味覚」というのは、いろんな味を食べた経験がその時の感情や記憶とともに形成されていく。
F1種の野菜の中には、エグミ、苦味、など、人が苦手とするその味を整えて、食べやすく改良された野菜もある。ここ数年では、すっきりとした味わいの野菜ばかりで、人参もピーマンもその土臭さというのはほとんど、ない。
その野菜を食べ続けるということは「食の多様性を失っている」ということ。大根ならいろんな大根が、きゅうりならいろんな瓜があって、その、「いろんな味を食べる」ことからかけ離れてしまう。

それのどこが問題なのか？

それは、「人の五感の退化」だ。

視覚、聴覚、嗅覚、味覚、触覚。ここを失い続けていることに、僕らは気づかなくちゃいけない。F1種の野菜は、経済の中に入りやすい。だけど、それは、画一化されるにつれ、僕らの味覚を破壊している。もっと、僕の感覚で言うと、その影響をダイレクトに受けていくのは、今の小さな子どもたち。F1種の野菜を主に食べ続けていくわけだから。

先にも書いたとおり、僕たち生物には、この命を支えている多様性が存在する。簡単にいうと、僕らのまわりにはそれぞれに愛している人、愛してくれている人、僕らと一緒に小さな生物や植物たちがたくさん存在しているということ。

そのことをもっと紐解いていくと、愛している人がつくってくれたいろんな味、小さな生物や植物たちがたくさん関わってくれた野菜を食すことが、僕らの味覚を支えてくれている。いわゆる「生きている味の多様性」によって僕らの五感は培われていく、だとしたら。子どもに食べてほしい野菜というのは、おのずとみえてくる。

僕は八百屋だから「味覚の多様性」、もっと言うと「味覚の退化」を懸念している。

第3章
僕の仕事は野菜の流通、そのすべてだ その1

＊　流通、それを語るその前に

僕が考える流通とは、食卓という団らんの中で野菜の生をまっとうすること

一般的に伝わりやすいから「新しい流通を！」なんて言ってるけど。

実はその真意は少し違うところにある。

現状は「流通のために改良された野菜」のための流通。だから、その流通に在来野菜が乗るわけがないし、僕らもそのような形を目指しているわけではない。

でも、何というか、

「ストーリーごと食卓にのぼるような、そんな流れのある道」

は作りたい。それは「底上げ」というイメージに近い。いま、そこに「在る」もの／ことを、底上げすることで、誰かの食卓に野菜が並んで、そして野菜をそのストーリーごと食べてもらうこと。食卓に会話が生まれて、団らんの一瞬の中でその野菜の生を、農家さんの生をまっとう

うしていく場を作ること。

それが、僕の真意だ。

だから僕は新しい流通を作ろうなんて、本当は思っていない。

先に少しだけ話をしたような、「改良された野菜はだめだ！」という議論は、僕にはもう必要ない。そんな話をするくらいだったら、街へ飛び出して、一人でも多くの人の食卓に団らんという「実り」を作りたい。そこに流れる道を作りたい。ただ、そう思っている。

いまの食卓を象徴しているスーパーすぎるマーケット

一般的なスーパーマーケットには食べきれないほどの食材が並んでいる。

そこで売られている食品の多くは加工品や、世界各国の調味料やお菓子、そして、日用品。

だいたい入口付近には青果コーナーがあって、売場総面積の１／５～１／８ほどを占める。

これが、いまの僕たちの食卓の風景、あるいは胃袋の中身、そして日常。

本当は、もっといろんな野菜があって、もっといろんな種類があるのに、大根も、かぶも、人参も、すべての野菜は一～二種類だけ。きれいに均一なサイズで並んでいて、土なんてついていない。

だからといって、そうしたスーパーマーケットに在来野菜を並べても、売れるわけがない。

単一化された野菜を食べ続けていると、それ以外の野菜をどう扱っていいのか、わからなくなる。それは販売する側も、それを購入する側もだ。

ひやっと寒いくらいの冷蔵庫が置いてあるところから、自分たちで野菜を選んで買わなくちゃいけない。そして誰とも会話せずにレジに並ぶ。頭の中で今夜のメニューが描かれて、わからなければネットで調べる。これで本当においしい調理ができるかって、やっぱりそこには何か一つ欠けている気がする。

それは、人と人とのコミュニケーション、そこに「ぬくもり」があるかどうか、という話。

僕の妄想：その1　くっさいマーケット！

僕が想像する理想のマーケットとは、鼻をつまみながら歩く、くっさいマーケットだ！

そのマーケットはくっさいのだ。堆肥のにおい、野菜独特の香り、人の好き嫌いはそれぞれだから、鼻をつまむコーナーは、人によって違う。

「どうぞ鼻をつまんでくっさいくっさい言ってください」

と、丁寧にはり紙もしよう。

床には土がしいてあって。同じ土でも、地域によっては色もその粒子も、その土地土地で全然違う。その上をバタバタと子どもたちは走る。鼻をつまみながら、くせーくせーと言って、

三関セリ（秋田県）

その白く長い根。寒冷地の三関ではセリがゆっくり成長するため、
寒くなると葉茎より根が成長する。葉が大きく、
深みのある緑色で食感が良く、セリ独特の香りも程よい。

それをみた大人は、くさいくさい言わないの！　失礼でしょ。でもまぁ、それにしてもちょっとくさいわね、って。

そしてさやが、種が、ざわっと揺れる。

夏には全国の茄子がずらずらと並んでいて、紫はもちろん、緑色、白、長いものや、小さいもの。

きゅうりは昔ながらの黒イボのものが並んで、ひょろりと細く長いもの、そして苦味の強いものが並んでいる。「その苦味と一緒に食べるのは、昔から味噌だったんだよ」って、よい具合に発酵のすすんだ味噌がおいてあったり。

ごつごつして直径三〇センチくらいある縮緬かぼちゃとか、ラグビーボールのような日本かぼちゃも。それらは水分が多いので、淡白に感じるのなら、甘く煮た小豆と一緒に食べると美味しいことも伝える。

冬になったら、たくさんの大根がずらっと五〇種類ほど並ぶ。紅色、白、うすい緑色。それぞれに名前がついていて、それぞれの調理法がある。

このマーケットの青果コーナーはちょっとした学び場でもある。座り込んで野菜の絵を描き出すのもあり、夏休みの自由研究を探しに来るのもあり。野菜のスタンプラリーなどがあってもよいかもしれない。海外の美術館みたいに。

そんなくっさいマーケットで野菜を買ったら、もっと愉しい食卓になる。食べるときに、買ったときのエピソードをあーだこーだ、話したくなるでしょう？　色がきれいでさーとか、なんか、くさくてさーとか。こんな大きい大根あったけど、今度食べてみる？　え、ほんと買ってみる？　ほんとに？　四キロもあるのよ、あなた。じゃあ、ご近所さんで分け合ったりしましょうか。

なんて、たわいもないおしゃべりが続く。

たったの一皿だけ。在来野菜を使った料理が食卓に並ぶ。その一皿のためのくっさいマーケットが、僕の理想だ。

僕の妄想：その２　量り売りの文化をもう一度

僕は量り売りのあるスーパーに憧れているし、いつか量り売りで野菜を販売したいと思っている。

海外のスーパーマーケットでは、量り売りが主流。自分が必要な分だけを、自分で計量して購入することができる。

その昔、日本でもそうだった。上から量りがつり下がっていて、釣り銭なんて、伸びるゴムのような紐でくくられたカゴの中にじゃらじゃらと小銭が入っていて。海外のように、おしゃれな感じではないけど、なんだか、日本らしくて、粋な感じ。醤油だって使い切った瓶を風呂敷でまいて、背中にしょって買いにでかけていたりしていた。瓶の半分までください、とかって。

この量り売りは、以外と大きなメリットがある。農家さんの「袋詰め」という仕事がなくなるのだ。袋代だって実はバカにならないし、手間だってかかる。畑になるべく出たい農家さんにとってこの作業はかなり時間泥棒だ。

それから、量り売りをすることで袋に入っていない野菜が並んでいる。これって感覚的におもしろいじゃない。姿カタチ、その多様性を直に見ることができる。在来野菜って、本当に美しいから。

いまは、簡易的で、スピードも求められる流通のしくみによって、一本とか、一個とか、一袋とか、で、いくら。お買い物の仕方も単一化されてきた。その野菜一つひとつは均一にできている。わざわざ量る必要がないくらい。こんなふうに、F1種の野菜が流通するようになってからは、「均一に育つこと」は、ある程度必須条件になってきているから、量り売りの文化も衰退していったのだ。

ドイツBIZERBA社の計量機

だけど、在来野菜というのは、一つひとつの個体差がありすぎる！　大きかったり、小さかったり、カタチがそれぞれだったり、色も、その模様も。だから、この野菜を売る時には、できれば量り売りで販売したかった。

だから、いつからでも、どこでも、量り売りができるようにと――

ドイツからBIZERBA社の計量機を輸入した！

でも実際は、計量法というのがあるから、この計量機がすぐに使えるかといったら、別の話で、きちんと検査機関にかけなくちゃいけないのだけど。

とりあえず、一台。うちにずっとずっと存在感まるだしで眠っている。

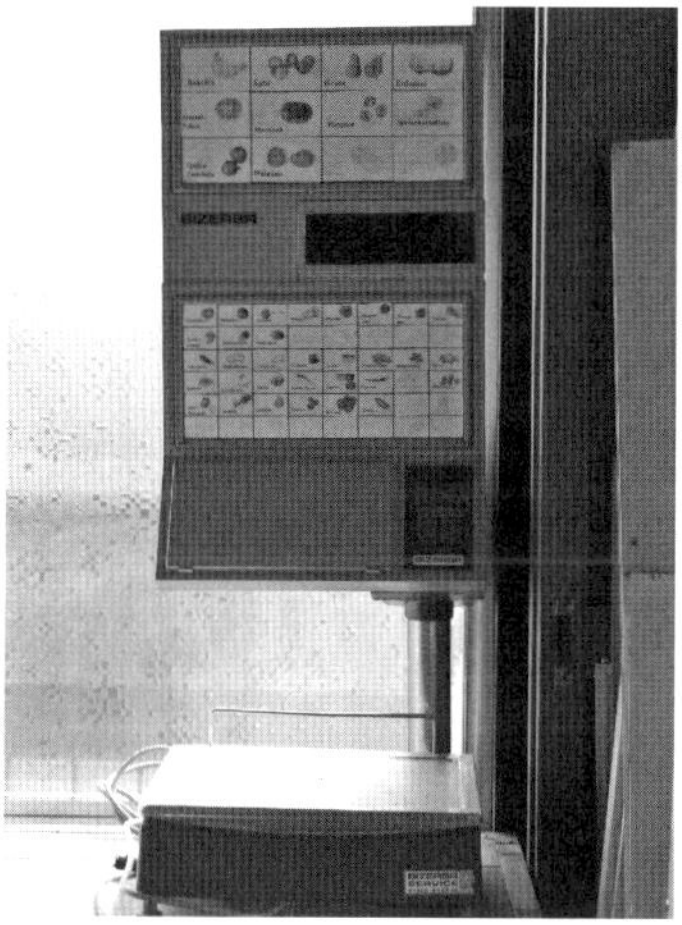

ドイツ BIZERBA 社の計量機。
説明書がなく「ID とパスワードプリーズ」
みたいなエラーメッセージに根負け中（涙）

財布の口をあけるまでの、ほんの少しのたわいもない時間

それは三本だといくら？
三〇〇円ですよ！
高いわね。
じゃあ、二本だといくら？
二五〇円ですよ！
うーん、高いわね。
しょうがないですからー。いまは野菜がないんだもの。
そうね、仕方ないわね、でも、買っていくわ！
ありがとうございますー。じゃあ少しおまけしておきますね。
まぁ、ありがとう。
オススメの食べ方は？
蒸かしてから、お出汁につけてみてください。
次の日のほうが、味が馴染んで美味しいですよ！
まぁ！　美味しそう。

あ、そういえば、お醤油が足りなかったから買っていくわ。

お醤油もひとつ。

それで、いくら？


なんて。

財布をあけるまでの、ほんの少しのたわいもない会話が、

「野菜を買う」

ということ。八百屋さんへお金を払うのは、野菜のお代とおしゃべり代。

昔の八百屋さんは、いろんな事を知っていたから、末広がりの八がついている。

失ってしまった食へのものさし

当時の日本人は、カタチが不揃いでも「家族が多ければそれでもかまわない」「ひとりで食べるからそのくらいでちょうどいい」など、日常のなにげない環境や経験から、「ひとつ」という単位の「ものさし」を持っていた。

おばあちゃんのいい塩梅のおにぎりだって、そう。なぜだか、おばあちゃんのつくるおにぎりはおいしい。手に塩をつけて、ぎゅっぎゅっとにぎって、でも食べるとちゃんとふんわりし

ている。塩もよくきいていて、海苔と食べるだけでもうごちそうだった。

漬物をつくるときの、その塩の塩梅、出てきた水分をしぼる塩梅、そして保存する塩梅、その行程の「ひとつ」のものさしは、ざっとしたものだったし、人それぞれであったし、それが家庭の味だった。

いまでは、料理本のレシピでも大根一本、人参一本、その一本は、僕たちが知っている規格にそった野菜の大きさのこと。そして、全国どこでも買うことができる同じような大根や人参のこと。

その規格の大きさが僕らの、いまの、ものさし。

ここから自由になりたい、いま持っている、このものさしから、自由になりたい。

固定種・在来種の野菜を＊「流通の乗せ方」という視点で三つに分ける

大雑把でごめん、愛をこめて――A、B、Cと分けたその理由

これは、僕個人が農家さんと取引をスタートするときに、その野菜がどんな状況なのか、ということを何となく意識するための基準だ。

基準の目的というのは、簡単に言うと、その野菜にあう場に届けるため。認知度がある野菜や伝統野菜としてブランドが確立している野菜もあれば、その逆もしかりで、まだまだまったく知られていない野菜など、とにかく野菜によってその認知度に幅がある。だから在来野菜は、どこにでも並べられるというわけではない。ちゃんと理解してくれるところで販売する必要がある。

単純で、とても簡単なことなのだけど、このことを意識し続けることで、農家さんからいろんな面白い話を聞けたりする。

大雑把なんだけど、その基準は、意識の上でだいたいA、B、Cの三つに分けている。

Aタイプ：ブランド化され全国展開している認知度の高い野菜

たとえば、京野菜、加賀野菜など。セレクト色の強いスーパーなどで全国的に購入可能な野菜のこと。認知度も高く、食卓にあがることも多い。沖縄のゴーヤもそう。流通することを目的としているため、伝統野菜とはいえ量産用に品種改良をしているものが多い。

農家さんとしては、収量が多く、収入が安定しているし、JAとの取り組みになることもあるので、何かあったときは安心だ。ただ本来の在来野菜からかけ離れてしまう場合もあるなど、広く伝えるがゆえのデメリットもある。

Bタイプ：地元の中で認知度の高い野菜

たとえば、大阪八尾の「若牛蒡《わかごぼう》」、奈良県の「大和真菜《やまとまな》」、新潟でいうと「長岡巾着《ながおかきんちゃく》」「十全茄子《じゅうぜんなす》」など。農家さんを中心に、自治体や、活動をされている人たちによって守られている野菜。

一般的な家庭でも食されていて、その地域の中に根付いているもの。飲食店などでは郷土料理としていただけることも多い。でも全国的に流通しているわけではなく、都市のスーパーなどで販売されていると、珍しい存在の野菜。

Cタイプ：限界集落などで、数名の農家さんたちによって細々と栽培されている野菜

一軒の農家さんだけが栽培していたり、おじいちゃんやおばあちゃんが一畝だけで作っている野菜たち。あるいは、地域で種やその野菜を守る活動をしているものの、一〇～二〇人くらいでしか栽培されていない野菜。

一般的な流通に出荷できる規模ではなく、量も取れないし規格も揃っていない。地域のスーパーにさえ並ばず、自家用につくられているもの。地元の人たちに聞いても、知られていない、忘れられてしまった野菜も多い。もしくは知っていても、食さない、知名度が落ちてきているなど。

インターネットで検索してもその食べ方はなかなかわからない。でも、地元のおばあちゃんたちが一番よく知っている。そんな野菜たち。

Aタイプ、Bタイプは、ともに無農薬、無化学肥料とは限らない。量産すればするだけ、リスクがあるからだ。Cタイプのほとんどは、自然栽培の中で生き抜いている野菜が多い。

僕はCタイプの野菜をお裾分けしてもらっている

僕がなぜCタイプの野菜と付き合っているのかというと、途絶えてしまうのがイヤだから。

そして何より、美味しいから。

個性があって面白いから!

あたたかいというか、優しいというか。

でも、途絶えそうになっているものとどう付き合っていくかということは、一つひとつの背景をみながら、考えぬかなくてはいけない。

そこには種をつないできたたくさんのストーリーがある。代々、家の裏で作ってきたもので、おばあちゃんがお嫁にきた時から引き継いだ種だったりする。

おばあちゃんが見てきた日常は、僕らにとっては未知の世界であり、おばあちゃんの種を巡るその一年と、僕らの一年は、あまりにも違う。

そんなおばあちゃんに「たくさんの野菜を作って欲しい」なんてお願いはできない。体力的にも無理だし、畑を広げたところで後継者もいないし、無理はさせられないから、多くを求めることはできない。

きっと、おばあちゃんにとって、僕らの存在というのは「いまさら」なんだと思う。「もっと若かったらたくさん作る」って、皆、口を揃えて言う。だから、お裾分け、という感覚で受け取って、そうしていただいた野菜を、いま、全力で、どうするかを考えて動く。

僕があたふたしたところで、その種を守り続けることはできないのだ。

ささやかだけど、責任重大

それから、Cタイプの野菜は、大手企業はもちろん、県や市であっても、なかなか手が回らないところ。だからこそ、僕はこの在来野菜の取り扱いを担う、と勝手に自分の役割だと思っているし、ささやかだけど、責任重大だと思っている。

だからといって、年間、どれだけの量をどれだけ出荷できるように、というような目標や販売計画はまったく立てていない。ただ、出逢ってしまったからとか、ただ、そこにあるからとか、その出逢ってしまった野菜と一緒に、どうしたらみんなで幸せになるのか、ということだけを考えている。

売りやすいものではないし、流通もしにくい、既存の流通システムに乗りづらい、名前すら聞いたことのない野菜たち。

これは人から人へ、つないでいくしかない。困難な道のりだって人は言う。だけど、僕にとっては、未知数な可能性が目の前にどーんと広がっている。

在来野菜をみていると、そんなイメージばかり広がっていく。

まだまだ、見たことのない野菜がたくさんある！

全国の在来種野菜：合計　一二一四種類
・大根　一一〇種類
・なす　六七種類
・かぶ　七八種類
・きゅうり　五〇種類
・つけな　八三種類

ちなみに野菜の「種類・品種」というところでいうと、Aタイプの野菜を頂点としたピラミッドになっている。

Aタイプの野菜は、流通にのりやすいことが重要なので、一つひとつの収量や流通量は多くなってくる。

ようするに、こんなに便利な世の中なのに、まだまだ見たことも食べたこともない野菜がこんなにあるってすごいことだと思いませんか？　もっとたくさんの野菜に出逢えたらいいなぁ、食べてみたいなぁ、どんな野菜たちがあるんだろう。

そして、そのまだ見たことのない野菜たちは、おじいちゃんやおばあちゃんたちがひっそりと大事に守っている。さて、今日も探しにでかけるか、となるわけで。僕はがぜん、ワクワクしてくる。

＊

僕の仕事は流通だ
その１――マーケット「種市」

ファーマーズ・マーケットへの出展は惨敗だった！

独立した当初、日本のマーケットのことをもっと知りたくて、都心で開催されているマーケットのいくつかに出店した。

結果は、見事に惨敗。野菜はぜんぜん売れなかった。

閉店まぎわになると、他の出店者は店じまいをはじめて野菜を安く売りはじめる。遠くから来た農家さんは、持ってきた野菜を、また持って帰るのも一苦労だから、その気持ちもよくわかる。

だけど、僕は値段だけのことで言うと、安くはしたくない。大切に一つひとつ手塩にかけて育てられた野菜たちを、安価で販売するなんて、農家さんたちの日常を想像するだけで、できるわけがなかった。たとえ野菜を安くして完売したとしても「どこかの野菜と比べる値段であること」が苦痛だった。

農家さんは、新規就農者、三年目、五年目、一〇年目、三〇年以上のベテランの方、また、二代目、三代目など、それぞれに農に取り組む背景が違うので、かけてきた時間と経費も、それぞれだ。だから、同じ野菜でも値段は変わってくる。安くなる正当な理由がまったくないまで、ただ、まわりが安くなっているから、という理由で安くしなければいけない状況は悔しい。

値段を安くすることで、売れるの？

サンフランシスコのファーマーズ・マーケット、クエッサ

古来種野菜マーケットの構想は、サンフランシスコのクエッサをモデルにしている。

サンフランシスコといえば、もう皆さんもご存じ、オーガニックなつながりというか、ローカルに人々の意識が美しい街。この街の中で人が幸せになることを、人と街が一緒になってつ

くりあげている。

そんな街の日常として開催されている、ファーマーズ・マーケット「クエッサ」。

そのマーケットは世界一美しいといわれているけど、マーケットの発端となったのは、サンフランシスコ地震でもある、ということはあまり知られていない。

地震の直後、ご近所どうしの安否確認と、買うものも売るものもなくなってしまった中、マーケットを通してお互いにあるものを持ち合い、支え合おうと一か所に集まりはじめたのが、このマーケットのはじまりだった。

そしてこのクエッサの立ち上げに深く関わっているのが、サンフランシスコにあるオーガニック・レストラン「シェ・パニース」のオーナー、アリス・ウォータースさんだ。

ここでは、農家さんが野菜を販売するのはもちろんだけど、料理人がその野菜を、お客さまの目の前で料理する。農家と料理人と消費者が、その想いや理念を共有しあうのだ。

農家さんが野菜への想いを話して、すぐ近くでその野菜たちを料理家が料理して、そしてみんなで食べる。僕はそんなマーケットを東京で開きたかった。

それは「いま」としか言えなかった

僕が会社をやめて、独立したときに、

このマーケットを開催するなら、いまだ。

と思った。

その当時は、誰かに説明できるような気のきいた言葉なんて持っていなかった。だから直感的にいまだ！　としか言えなかった。振り返って、こんな構想があったとか、こう感じたとか、こうしていろいろ書いてはいるけれど、それは、時間がたち、出逢った人たちの顔を思い出すと、あぁ、こういうことだったのか、とつながってきたことを整理できたりしているだけなのだ。

ただ、もう少し、冷静になってみると、深いところで感じていたことはあった。

3・11の東日本大震災によって、人の意識が変わって、変化、という言葉では足りない、どちらかというと「移動」という言葉がしっくりくる気がするのだけど、いろんな人の心の移動というものを目の当たりにした。

それは「農」のことについてだけの話ではないかもしれない。ただ、僕が見ている「農」の世界でいうと、変わったこともあったし、変わらなかったこともあったし、未来への絶望もあった。だけど、それは時間がたつと、いくつかに分散して、その中のいくつかは、希望に変わっていった。

だから、いまのこの熱量のうちに、僕が感じたいくつかの希望を「常」にしたい、その場所を農家さんとつくって、その「常になる瞬間」を共有したい。

だから、いま、いま、って、その時はバカみたいに言っていた。

種市へつづく最初の、時間

その頃、僕は関わっていた復興支援プロジェクトを進めていた。それは福島や茨城から他の地域へ移住した農家さんたちの初期投資を支援する、という内容だった。そして、その新しい移住先で栽培したお野菜を、福島の幼稚園や施設へ送る、という循環をつくり、まさにその当時は、その野菜の送り先を探していた。

ある日、吉祥寺にあった飲食店ベースカフェ（現：ヒトト、福島に移転）へ食事に行った時、売上の一部で野菜を購入し「福島の幼稚園へ定期的に送っている」ということを知った。

ベースカフェのメニューは、徹底して厳選された野菜・調味料を使っていることは知っていたし、マクロビオティックという食の哲学を通して発信しているその想いは書籍などから少なからず感じていた。

だから、もしかしたら、僕が進めているプロジェクトのことを理解してくれるかもしれない、何か広がりがあるかもしれない、と思い、コンタクトをとってみた。

すると、すぐに、オーナーの奥津《おくつ》爾《ちかし》さんから「会いましょう」と連絡が入った。ここから、種市が生まれていく。

奥津さんと会って、最初は復興支援プロジェクトの話をした。

そして話が落ち着いたころ、「実は」と、そもそも一体僕が何者なのか、何をしたいのか、どんなイメージを持っているのか、など、やっぱりそんな話をしてしまった。


在来野菜は流通にのらない、だけどそれを作っている農家さんがひっそりといる、そしてこれから作りたい農家さんたちもいる。

この野菜が特別な野菜ではなくて、日常的な野菜として存在することが、大きな大きな理想で、だけど、いま、できることは、種について意識ある人たちへ問いかけること、さらにすぐ隣の方へ語りたくなるような「楽しい場」をつくることが必要だと常々感じているということ。

それは日本で唯一の在来野菜だけのマーケットで、その構想はできていること。

でも、僕ひとりの力ではなかなかできることではなく、独立してから悶々と一年がたとうとしていること。

——一通り話を終えた。

そうしたら、奥津さんが一言。

「やりましょう」

と。

種市の共同ディレクター、奥津爾さん。

在来野菜だけのマーケットを、やりましょう。と。

半信半疑だった。

何度も打合せをし、第一回目の開催時期は二〇一三年四月、そして場が決まり、ご縁のある方々が集いはじめた。当時の僕は農家さんしか知らない。協力してくださった料理家さんたちのことは恥ずかしいことに誰のことも存じ上げておらず、奥津夫妻の人脈が本当に大きかった。

これまでどれだけの人に話をしても難色を示されてきた、このマーケットを、奥津ご夫妻と作っていける。もう、これ以上のことはないと思い、全力で企画を進め、全力で野菜を集めた。

何度でも、思う。

これ以上の言葉がでてこないけど、奥津ご夫妻に、心より感謝申し上げます。

種市、と名付けたわけ

その場を僕らだけのマーケットにするつもりは全然なかった。

だから、なじみやすい名前をつけたかった。マーケット、というよりも、市、のイメージ。朝市、夜市、朝顔市、ほおずき市、とか。市、とつけるだけで、なんだか季節感がでてくるし、なにより、賑やかなイメージがある。種のことを知り、種から育った野菜を買えたり、作り手に会えたり、共感できたり、学びのある市。

だから、シンプルに「種市《たねいち》」に決めた。

いずれ、どこかの街で自主的な動きがあって、それぞれの地域の「種市」が開催されたらすごくいい。そうなってくれたら嬉しい。だから最初の「種市」というイメージづくりは大切だなと思っていた。

在来野菜はみんなをおしゃべりにする

種市に参加してくれた農家さんたちの、しゃべることしゃべること！

会場には心地よい気が通る。

同じ想いを持った人たちの集まりだから、皆、安心して胸をはって販売をする。

見たことのないその野菜を手に取った人は、目をまんまるくして小さく驚く、それがまた農家さんにとってみたら、嬉しかったりする。嬉しいから自分の想いを伝える。

野菜を買った人は、おうちの台所で野菜と向き合う時、農家さんがあんなこと言ってたなぁとか、ほんの少し思い出しながら、想いながら、ごはんの支度をはじめる。

そうすると、
自分の中に眠っていた食への記憶がするすると溢れだしてくる。
そのぬくもりが、料理に伝わっていく。
ごはんどき、その野菜が食卓に並ぶ。
不思議とこの野菜と出逢ったときのことを話したくなる。

「ねぇねぇ、知ってる？」

「この野菜、作っている人が少ないんだって。作ってる人に話を聞いたんだよ」

「へぇ、希少だね、こんなカタチもあるんだねぇ、どんな味なんだろう」

「いつもより美味しい」

「いつもより美味しくない」

「にがいよ、食べれないよ」

「ちょっと味噌につけておいてみよう」

「塩で苦味をとってみよう」

次の日、冷蔵庫を開けて、ひとつ、つまんでみると、

「おっ、これなら食べれるかも」

「いいねぇ、美味しくなったねぇ、やるねぇ」

なんて。

そんな会話が不思議と生まれてくる。

だけど、スーパーマーケットでセルフで買った野菜は、こんな時間をつくれない。

話をしてくれた人がそこにいたから、作った人の思いを受け取ったから、また別の人へ伝わった。

スーパーマーケットに並んでいる野菜が、それがたとえ一般的な野菜であっても、その野菜

のすぐ近くに農家さんがいて、どう作ったのか、どう食べるのがオススメなのか伝えることができたらそれはそれで、おいしいのだ。だけど現実的には難しい。だとしたら、スーパーマーケットのお店の人がその想いを伝えられたら、もちろんそれでもよい。ただ、単に、「売場（うられるば）」に並べられて、〇〇さんの新鮮野菜とシールが貼ってあっても、そこにコミュニケーションはない。

ストーリーがぷつり、と途切れてしまうのだ。

景色が変わった――第一回 種市を終えたとき

在来野菜を一般の野菜と同じところで紹介したり販売したりすると、どうしても比べられる。日持ち、色合い、カタチ、長さ、色、大きさ、そして、値段。

在来野菜だけのマーケットであれば、誰かと比べられることもないのではないか。

その価値を決める、というより、その価値を共感できる。

作り手と買い手のコミュニケーションがすべてで、

「販売する↑↓購入する」だけではなく、

その先にある、種を未来につないでいこうという意識も共感できる場。

種市は、僕の理想をはるかに、超えた。

種市には農家さんの他に光郷城畑懐（こうごうせいはふう）さんも出店していただいた。
こんなに種やさんが賑やかになるのも種市ならでは。

「種市」として、一人歩きをしてくれた。

初回の種市は、二日開催して、動員数は八〇〇人ほど。

開店したと同時に、溢れんばかりの人、人、人。

いらっしゃいませ、こんにちは、と何度も頭を下げた。涙をこらえるのに必死だった。

半年前、友人のレストランの店先で移動販売をしていたあの時、あれだけの人が僕の前を素通りした。

だけど、こんなにいたんだ。同じ想いの人たちが。


景色が変わった。

正直、自分がどこにいて何をしていた

か、というのは、覚えていない。ただ、終わった後に倒れこんでしまうほど、気持ちも心もハードだった。いまを逃したくない。もしかしたら、風穴が通るかもしれない。そんな想いをかけぬける時間。

小さい二つの会場は、常にお客さまが列をなし、店内は熱気で溢れ、みんながおしゃべりになった。

「種市」への想いというか、種への想いというか、農家さんへの想いというか、歴史への想いというか、経過していく時間への想いというか、出逢った方々への想いというか。感謝の気持ちというのは溢れ出てくるから、その気持ちを、また、次の種市へつなげようと思っている。

僕の仕事は流通だ
＊ その2 ―― ワタリウム美術館でのマーケット

シュタイナーの言葉 ―― 種子の中に存在する力は、拡散の方向に向かう性質を持っている

種市が終わった頃、ワタリウム美術館の草野象《きさと》さん、岩本光悦さんから連絡をいただいた。

「いつかなにか僕たちと一緒にやりませんか？」

と。飛び上がるほどに嬉しいお声がけだった。

二〇一四年三月、ワタリウム美術館では、ルドルフ・シュタイナー展を半年にわたり開催。併せて、シュタイナーに関連するマルクト（マーケット）を企画されていて、その一環で、在来野菜を半年にわたって、販売させてもらった。

日本だと、「シュタイナー教育」でシュタイナーを知る人が多いと思うのだけど、実は、彼は農業、農法についても、想像を絶するような、宇宙的な、というか、そんな哲学的思想を発

信し、記録を残している。

　農耕民族であり、技術色の強い日本人は、独自の農法を、それぞれの土地で作り上げてきたから、忠実にシュタイナーの農法、いわゆる「バイオダイナミック農法」を実践されている方はわずかではある。ただその中でも、シュタイナーの哲学を取り入れながら、独自の農法で営む農家さんたちはたくさんいる。

　シュタイナーは種子について、

「種子の中に存在する力は、拡散の方向に向かう性質を持っている」

と述べている。この言葉を聞いたとき、ぞっとした。まったく同じことを感じていたからだ。

　僕はこの「種」のことについて、そこから育つ野菜の流通を底上げしたいと独立した。実際に動いていくと、するすると、同じ志の人たちに出逢っていく。そして、自分たちが予期しない未知数すぎる世界に飛び込むことになった時でも、そこには出迎えてくれるあたたかい人たちが必ずいた。知らない場所でも、自分たちをとりつくろうことなく、仕事を進めることができた。

　おかしなことを言うようだけど、少しだけ、足が浮いている感じの人たちと、出逢うというか、そして、僕も少し足が浮いている感覚があるというか。

一つひとつの個性に感動する、驚きに満ちあふれたお買い物

話を戻そう。

シュタイナー展がスタートしてそこから約半年間、僕らも美術館のエントランスで、在来野菜の販売をさせてもらった。

普通に考えたら、ちょっとおかしな光景だ。

美術館のエントランスで野菜を販売している。

ここに来るお客さまは、ワタリウム美術館の存在を愛していて、開催される展示によっては、会期中に何度も足を運ぶ。美術やアートが好きな人ばかりだから、野菜をみる感度が、僕がこれまで出逢ってきたお客さまたちと全然違うのだ。一つひとつの個性をじっとみていく。野菜の形、色、その姿をいろんな言葉で表現してくれて「すごい！」と感動して、「食べてみる！」と、ほとんどの人が驚きに満ちあふれてお買い物をしてくれる。「野菜を買うつもりじゃなかったのに」と。

在来野菜を販売するエントランスは、毎回、草野さんや岩本さん目線からの提案があり、こういう見せ方をしよう、あの人とも一緒にやってみよう、地域の人たちとつながっていこう、

ワタリウム美術館での販売初日。美術館で販売するなんて予想していなかったから、どんなお客様が来るんだろうとドキドキしていた。

など、直前のギリギリまで、見せるための工夫や案を考えぬいていく。

そんな密な計らいもあり、野菜だけじゃなくて、種が入ったサヤや、野菜の花や、種そのものも一緒に飾って、とにかく手にとってもらいやすくした。そうすると、同じ野菜の中の、僕らがいただくところと、植物としての「生」の部分と、その両方を見てから、買ってもらうことができたりする。

その気づきの大きさは、はかり知れなかった。

とにかく美術館で野菜を販売するなんて、日本中探しても、ここ東京にあるワタリウム美術館だけなんじゃないかな。

在来野菜の素晴らしい個性をワタリ

ウム美術館がみつけてくれた。同じ匂いのする、多様な文化として。

やっぱり、逆境は楽しむためにある!

僕は、ワタリウム美術館のみなさんと出逢って、多様性が失われているのは何も野菜に限ったことではない、ということを知った。出版業界でも、美術業界でも、それは同じことが言えるのだと。

僕みたいな素人が言うことではないことは重々承知の上だけど、ワタリウムのみなさんの美術やアートへの着眼は鋭いものがあって、そこから、美術館としてどうしていくのか、ということを、みんなで模索されている。日本のアートをどうしたいのか、どうしていくべきなのか。と。

だから、ワタリウムが「おもしろい!」と感じたことは、言い続けていく、伝え続けていく、そういった姿勢が、あきらめちゃいけない、流されちゃいけない、逆境を楽しまなくては!と、僕に教えてくれるのだ。

僕の仕事は流通だ

＊ その３――

warmerwarmerの古来種野菜セット

対価の交換方法を僕らは忘れてしまっている

値段が高いとか、安いとか、僕はあまりそういったお金の価値だけで判断されるところで販売はしたくないけれど、ただ、どうしても、

「高いから買えない」

「だから日常使いにならない」

と言われてしまうことは、悔しい話だ。

一般的な野菜を、

「安い」

「買いやすい」

とするなら、それらは、

「じゃあ調理しやすい？」

「美味しい？」

「それで心が満たされる？」

そして、

「なぜ安いの？」


イメージしてほしい。

もし、自分でこの野菜を栽培していたら、この値段で売りますか？


安い、の裏側で農家さんたちが質素な暮らしを余儀なくされていることは、事実。それは、慣行栽培（化学肥料や農薬を使った栽培方法）だからとか、有機栽培だから、などという話では、もちろんない。もっと言えば、野菜だけの話でもないのだけど、そこへの価値を、対価の交換方法を僕らは忘れてしまっている。

ただ、実際に、こういった野菜の値段というのがどういうふうに決まるのかというと、一般の市場にでている野菜だって、僕らが販売する野菜だって、値段のつけ方というのは、だいたい同じだ。

ようは、「販売価格のなかに配送料が入っている金額」だということ。大手企業は独自の流通システムによって、配送料を大幅に下げることができる。だけど、個人、小さな企業、農家さんなどは、一般の誰もが配送を手配するときと、その金額はさほど変わらない。だから、その分、金額があがってくる。

もちろん、一つひとつの野菜の金額を見ていけば、一般的な野菜より高いかもしれない。だけど、農家さんたちはそれぞれの経験をもって、出荷してきてくれるし、僕は農家さんがそこにどれだけの時間を費やしているか、というところをみているから、適正な金額だと思っている。高い、安い、だけじゃない。そこには、農家さんの人生がのっかってきている。だから、そういったお金の価値だけでは、はかり知れないものがあるんだ。

warmerwarmerの古来種野菜セットの場合

warmerwarmerでも「古来種野菜セット」としてWebでの販売をしている。時期によるけど一〇～一二種類の野菜が入って、送料込みの四三二〇円（税込み）。他の野菜の通販よりちょっとだけ高いかもしれない。

「高い」「安い」と値段で判断されることは、もう慣れたのだけれど、値段だけのことをちゃんと考えると、本当に高いのだろうか？

たとえば、一一種類の野菜が入っている場合、配送料は平均八五〇円（クール便だとプラス三〇〇円くらい)。四三二〇円+八五〇円÷一一種類=三一五円。これが、一種類の野菜の、送料込みの値段だ。

ほとんどが自然栽培で、希少な野菜たちで、しかも、美味しい。冬瓜なんてまるっと一個いれることもあるし、かぶも大根も葉っぱだって、わさわさついてくる。これは高いのだろうか?

あえて、その金額より下げるようなことをすると、僕らも継続が難しくなってくる。だから、いま付けている値段が正直な値段だ。粗利はほとんどないに等しいけど、この野菜セットをやっていることで、農家さんからコンスタントに野菜を仕入れられている。

「来年もまたがんばって作ります!」

農家さんからのその言葉がききたくて、野菜セットのWeb販売をやっているようなものなんだよね。

配送代とのにらめっこは、この先も続いていくのだ

消費税が五パーセントから八パーセントにあがったときのこと。

数件の農家さんから、増税を機に配送料金があがることになった、と連絡があった。農家さんたちは、販売価格をさらに高くしなければいけない状況だ……と、頭を抱えていた。もちろ

ん、宅配会社が配送料金をあげなくてはいけない背景というのも重々承知している。けれども難しい問題だ。

そもそも有機野菜・在来野菜の値段は、配送代が大きく影響している。流通に強い企業の中で販売される場合は、一ロットあたりとても安い金額で配送できるので、その分、小売の値段も下がってくる。

しかし、我が子のようなこだわりのある野菜は、きちんと信頼できるお客さまへお届けしたい。そう考えると、信頼できる販売店やお客さまへ直接届けたい。ということは大量流通とは別の方法が必要になる。それを販売価格に上乗せせざるを得なくなる。それはもちろん、八百屋である僕らも同じだ。

農家さんたちも、いろいろと手だてを考えて、調べたり、考えたり、お願いしたり、箱のサイズを変えてみたりして、どうにか送料をなるべく抑えようとしていた。けれど、なかなかその状況を変えることは難しい。

それに対して僕らは、もう、大丈夫です、これでいきましょうと、言うしかない。農家さんには、もう、そんなに申し訳なさそうにしないで欲しい。農家さんが悪いわけではまったくない。もちろん誰かが悪いわけでもなく、貨幣の価値というか、社会の仕組みというか、僕らがどうしようもできないところの問題なのだ。

それについては、そういうことなんだ、と、そのことを理解して認識すれば良いだけのことだ。と気持ちを切り替えていくほかなかった。

だから、どんな野菜も本当は「地産地消」が一番、いい。フードマイレージ（食料の輸送距離）がかからなければ、かからないほど、すべてにおいて、メリットが多い。

その地域で消費されない野菜たちは、農協↓市場でのセリ↓スーパーマーケットまたは八百屋、のような流通の仕組みの中に入ることになり、輸送に時間や労力がかかり、それが新鮮な野菜かというと、消費者の手元に届くまで、収穫してから三〜五日がたってしまっていることもある。

それでも、都市化が進んでいく中、輸送するということを導入しなければ農業そのものに限界があったことも事実だ。

東京の場合、自給率はほぼ〇パーセント。

そこのあなたも、かくかくしかじか言っている僕も、誰もが「自給できていない状況」の中、近隣の農家さんや、有機生産者に、頼るしかない。食卓でおいしい野菜を食べる背景には配送料金が発生すること、現状はこうなんだよ、ということを、みんなにも知っていて欲しいのだ。

本当に高いと思う？

毎週、全国の農家さんから、その時期に収穫できたものを送ってもらうことになっている。

早稲田みょうが（東京都）

江戸東京野菜のひとつ、江戸城に一番近い将軍の
御膝元で栽培されていました。

だから、どんな野菜が届くか、半分くらいはわかるけど、半分くらいはわからない。

届いたダンボールをあけてみて、野菜をひとつずつみて、野菜の状態をみて、袋詰めをする。少し悪くなっている箇所があれば、そこだけ手でつみとる。どんな野菜なのかを説明するシールを貼ることもあるし、LOVE SEED！ のシールも貼る。

さらに配送に耐えられる野菜は、Web販売の古来種野菜セットにいれて、足が早そうな野菜は、すぐに販売できるところへわけていく。これらはだいたい、僕が夜中にする仕事だ。

古来種野菜セットには、それぞれの野菜の説明や、美味しい食べ方を紹介したリーフレットを作って入れている。とは言っても、シンプルに茹でたり、炒めたり、ふかしたりして、塩パッパ、とか、お醤油たらり、で十分おいしいから、レシピというほどのものでもないけれど。手元に届いたらすぐに調理した方がいいとか、少しくらい痛んでいても食べられるよとか、手にとった人が困らない程度のことを、そこには書いている。

野菜の成長のどこかの部分を、僕らはいつだって食べさせてもらっている

そして、この古来種野菜セットには旬の野菜以外はもちろん入らない。農家さんの畑がそのまま、その箱の中に入っているから、その野菜の美味しさと一緒に、四季おりおりの野菜の旬を学ぶことができる。

野菜を種から栽培する時、野菜によってはその成長段階の途中で「間引き」をすることがある。せっかく成長している野菜だけど、そのひと仕事をすることで、根っこが育ち互いに衝突すること、成長して隣同士が密集し日当たりが悪くなること、風通しが悪くなること、などを防ぐ。そして病気や害虫からの被害から守るのだ。農家さんはその仕事を、一つの野菜に対して何度か行う。

warmerwarmer の古来種野菜セットには、その間引いた野菜をも一種類の野菜として入れている。「農家さんたちは、この時期にこの野菜の間引きをしている」ということも知ってほしいからだ。そして、この間引き野菜の、小さく味が濃厚なこと！　そのしたたる水分さえも、美味しい。あぁ、野菜を、植物を、食べている！　という感覚にさえなるのだ。

間引き野菜を売っている八百屋なんていないよね。

たとえば、季節を追って古来種野菜セットに入る「かぶ」のことを説明してみよう。野菜は日々成長してその食味はどんどん変わる。そこに人はどう寄り添うのかな。

一〇月：間引いた小さな葉っぱとちょろっとした細い根っこ。お味噌汁にいれると最高な一品に。春菊のようなでもちょっとフレッシュな苦味が、最高。

一一月：一〇月よりもう少し大きな間引いた葉。根っこもずいぶん大きくなってくる。この、根っこをかりっと炒めるとぱりぱりして、とてもよい。

warmerwarmer

http://warmerwarmer.net　info@warmerwarmer.net

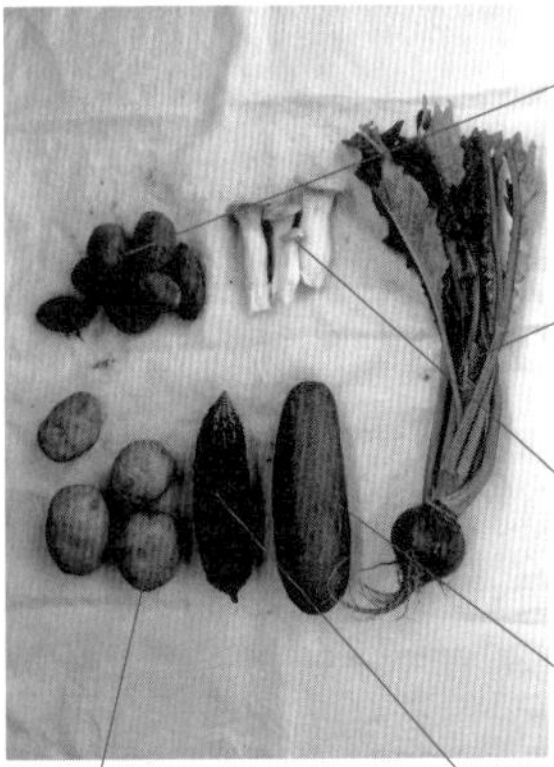

長崎県産 ヤマモグループ森田さん 出島
（新じゃがいも）

長崎を中心に九州で多く栽培されている、出島。基本的には春秋２回栽培され、今時期と１２月頃に出てきますね。白黄色の皮は一般的なじゃがいもよりも滑らか。肉色は黄白をしています。

みずみずしく、食味もよく、煮ものやサラダ、揚げものなどにむいています。煮くずれすることもたびたびありますので、火のとおりは確かめながら調理してくださいね。

鹿児島県産 久木田農園さん 安納芋

安納芋とは、紫芋と共に種子島の芋を代表するさつまいも。

高水分で、焼くとまるでクリームのように ネットリとした食感。

糖度の割にはカロリーが低いので、スイーツに。焼いた後に冷やして食べるだけでも、アイスクリーム感覚に。

栽培はやや難しく、単位面積あたりの収穫量もやや少ない品種です。

定番の焼き芋、ふかし芋、レモン煮など、シンプルな調理がオススメです。

福井県産 山口一夫さん 杉箸アカカンバ

福井県の伝統野菜、杉箸アカカンバ。敦賀市杉箸地区の集落で生産されています。そこに住むおばあちゃん達が、一生懸命に種をつないで いこうと栽培されている貴重な品種。かつて、この地域では大根やカブラを「カンバ」、紅かぶらを「アカカンバ」とよんでいたそうです。なんという紅色。紅く深い色ですね。白かぶより少し苦みがあります が、ぬか漬けにすると甘くなるそうです。

愛知県産 高木幹夫さん とっとき１号

愛知県の特産品「とっとき一号」1990 年代に、愛知県によって日本で初めて太くて大きいエリンギが開発されました。
その大きなエリンギは新品種として、「とっておき」という意味の「とっとき」と命名されたのです。肉厚でジューシー！
すこし厚めにスライスして、じゅっと焼いて塩をぱらり、
ぜひあたたかいうちにお召し上がりください。エリンギってこういう味だったのかーー！と感動します。

沖縄県産 森谷妙子さん モーウィー

モーウイは赤瓜とも赤毛瓜ともいい、果皮が赤茶色く、細かい網目状の模様が特長のウリ科野菜です。１５世紀に中国華南地方から持ち込まれ、琉球王朝時代に宮廷料理の食材でしたが、後に一般家庭へも広がっていきました。そのため、中華風の味付けがよく合います。

他にも薄くスライスして三杯酢をかけて和え物に、また、角切りにして味噌煮やそぼろ煮、漬け物や汁物としても利用できます。カサカサとしたサメ肌のようですが、中身は瑞々しく、瓜臭さがほとんどないあっさりとした味です。スライスしたモーウィにかつお節、醤油をかけて、熱いご飯にのせて食べると美味しいですよ。

沖縄県産 森谷妙子さん ゴーヤー

沖縄でももうこんなにも立派なゴーヤーが育っています！

塩でもんだあとに三杯酢につけて。もちろん炒めてチャンプルに。

森谷さんのゴーヤーは甘さもちゃんとありますので、苦手な方もきちんと炒めたら美味しくいただけます。ゴーヤーの原産地は、インド東北部。日本へは中国経由で 1596 ～ 1615 年に渡来したといわれていますが、沖縄には本土よりも早く 15 世紀の前半頃には伝わっていたようです。


少しでも伝えられるようにと、こちらのリーフレットをつけています。

warmerwarmer　本日の古来種お野菜セット

岐阜県産 雲英顕一さん 丸葉小松菜

正月の雑煮などでいただく葉野菜として人気のある小松菜でした。おひたしや汁の実、胡麻和えにする他、生揚げと煮る料理などが昔から楽しまれてきたようです。小型の丸葉でぎぎざの角度が柔らかく茎は太めで折れにくいのが特徴です。油揚げなどとの相性もとてもいいですよ。

京都府産 中村新さん サヤインゲン

いんげんまめを若いうちにさやごと食べるのが、さやいんげん。「いんげん」という名前は、江戸時代に日本に伝えたとされる帰化僧の隠元禅師の名にちなんでいるそう。当時はまめとして利用していたようです。すじをとって色よくゆでて、おかか醤油でいただいたり、ごま和えなどベーシックな料理でも、それから少し大人向けに、辛味のきいた炒め物にもあいますよね。

愛知県産 高木幹夫さん かりもり

愛知県には 35 種類の伝統野菜がありますが、そのひとつ、かりもり、です。塩漬けや塩麹づけ、味噌づけ (味噌 + 酒 + みりん + お砂糖) などに。また、にんにくやショウガなどの薬味と一緒に冷たいスープなどにしても美味しいですよーー！うり、の味がさわやかです！とにかく、一度生のままでいただいてみてくださいね。さっくりとしたその食感で、どんなお漬物にするか感じながら考えてみるのも楽しいです。

福岡県産 池松自然農園さん 甲高赤玉葱

とてもおいしい生食赤玉葱です。表皮は濃赤紫色でとても美しく、食卓を色鮮やかにしてくれます。辛味や臭みは少ないのでタマネギが苦手な方もぜひ食べてみてください。この季節になると、体が塩分や水分を欲しがり、生野菜やサラダなどを食べると、とても美味しく感じますね。ドレッシングなどもいろんな種類を自家用で作ってみて、ぜひ、サラダでいただいてみてくださいね。

福岡県産 中村研太郎さん 大浦太牛蒡

このフォトジェニックな容姿。紅色の茎に、土と身の色の自然な色。見た目だけでなく、含め煮にすると、やわらかくてとても美味しいです。精進料理には欠かせないこの牛蒡は、祝い料理にもつかわれるそうです。繊維質が少なく肉質は実に柔らかい。京料理など高級料理に使われ、煮物に最適。食べると誰でも納得する、日本一おいしいゴボウ、と言われています。醤油·味醂·砂糖·出汁で甘めに味付けし､とろ火でじっくり煮込むのも。


今回の野菜セットは自然な色味の美しさがたくさんつまったセットになりました。冬は大根やカブなどの紅色が美しいのですが、夏にこんなに「紅」が映えるセットはなかなかできないので、とても嬉しいです。

今回は、種市でもおなじみ、福岡県の中村さんのお野菜を初めてご紹介させていただきます。大浦太牛蒡という牛蒡ですが、その大きさ、茎の色と、実の色のコントラストが本当にきれいですね。その他、小松菜でもとても珍しい丸い葉の小松菜。

沖縄産のゴーヤは本当に美味しいです！どうぞお楽しみくださいませ。

夏はイベントが盛りだくさん。いろんなことが少しずつ決まってきていますので、ご興味があります方は、ぜひ web をチェックされてみてください。

梅雨は梅仕事にらっきょう仕事に、忙しいですね！

毎週金曜日に発送している warmerwarmer の古来種野菜セットの内容です。食べ方、その歴史、一二月：葉っぱはもう十分に大きくなってきている。一般的なレシピでいう、かぶの葉、というのはこのあたりから。根っこには小さなかぶが。見た目もかわいらしい。
一月：完全にかぶとして成熟しはじめるとき。それでもまだ若々しく、皮も薄くて生でも火を入れてもどちらでも、よい。包丁を入れると、さくっという感覚。やわらかく、その瑞々しさを手でも感じられる。
二月：寒さが厳しくなるにつれ、甘味がどんどん増してくる。この頃からは、火を入れる時間を少し長くした調理にあう。そう、鍋にいれると、最高な時期。
三月：完熟したかぶ。皮がどんどん厚く、固くなってくる。その皮はまばらにむくのがよい。かぶの葉は強くなってくる。
四月：子孫を残そうと、かぶの体に根っこが生えてきたりする。調理によって、皮は全部むいた方が食べやすい。

こんな風に、同じかぶでも、時期によってその食味は違っていて、そのサイクルを知りながら食すことができる。それが、農家さんの畑がそのまま、その箱の中に入っている、ということだ。

完熟した野菜だけが野菜、というわけではなくて、野菜の成長のどこかの部分を僕らはいつだって食べさせてもらっている。だから、月に一度だけでも、この野菜セットをたのむと、丁寧に野菜から季節を感じる感性を、育んでもらうことができる。

豊かな本当の実りを知ろうと思ったら、畑に出かけることが一番だ。だけど、そうじゃなくてもできる「愉しい食卓作り」があってもいい。それを手助けできる流通があれば、喜んで担おう。

もう一度聞くね、これでも本当に高いと思う？

仕入をする農家さんたちとの付き合いは、僕にとって人生だ。

正式な取引に至るまでは、現地まで行って、いろんなことを話す。どんな想いで、どんな野菜を作っているのか。そして僕らの仕事のことも伝える。どんな人へ、どんな場所へ届けるのか。お互いに納得するまで、農家さんの畑を一緒に歩きながら、話をする。

疑問に思ったら何回でも電話するし、話をする。そうすると、電話でいろんなことが聞ける。こんな野菜があってね、こんなふうに育ってね、こんな味がしてね、家族が喜んでね、そういえば、娘が結婚してね、嫁と喧嘩してさ、とか。そんな、たわいもない話をして。

そうして取引がはじまっていく。

その後、農家さんと僕のあいだで信頼関係ができてくると、「高橋さんに紹介したい人がいるんだ」って、他の農家さんを紹介してくれたり、まわりにいる大切な人たちをつなげてくれる。こんなに嬉しいことは、ない。

だから、分けていただいた野菜を大事に販売したいし、そのことを理解してくれている人に手渡したい。古来種野菜セットって、農家さんの人生だから、そして僕の人生だから。安い、高い、なんて値段の基準で判断はしないし、できない。共感できるかできないか、ということでしかないのだ。

そう考えていくと、お金の価値がだんだん変わってくる。

これでも本当に高いと思いますか？

あけてからのお楽しみ

warmerwarmer の古来種野菜セットはホームページから注文することができる。でも、一般的な野菜セットではない。基本的に「何が入ってくるかはあけてからのお楽しみ」なのだ。

実際のところ、農家さんからどんな野菜が届くのか僕にもわからないこともある。もちろん、発送までの間、しっかりコントロールできる農家さんの場合は、どんな野菜がどのくらい出せそうか確認してから、発注することもあるけど、基本的には、いま、農家さんが一番おいしいと感じる野菜をお願いしている。

また、袋詰めなどの梱包、鮮度の状況、配送に耐えられるかどうか、など、配送にまつわる状態を確認してから、セット内容を決めていく。このことをきちんと理解してもらった上で、ご購入にいたるので、これまで何か大きなクレームもないし、端境期の時期、そしてたくさんできてしまった野菜のことなど、お客さまはそれなりに愉しんでくださっている。

今回は茄子のオンパレードだったね！　とか、大根ばっかりだったね！　とか。そんな連絡をみんながくれるから、僕らも愉しんでやっているところだ。

＊

これだって流通だ！
――農家さんと企業をつなげること

SHARE THE LOVE for JAPAN プロジェクト
――移住した有機農業生産者に必要な支援とは

独立して間もない頃、菊地崇さんから連絡があった。菊地さんは、僕がキハチ時代にレシピを執筆していた「Balance」の編集長だった人だ。その頃は「LJ」というフリーペーパーの編集長をしていた。

「サンタフェ　ナチュラルタバコ　ジャパン（株）（現：［株］トゥルースピリット　タバコカンパニー）が、3・11東日本大震災で影響を受け、移住したあるいは移住しようとしている、有機農業生産者への支援活動を始めようとしている。彼らに高橋君のことを紹介してもよいか」

と。

独立してから初めて企業にプレゼンする機会。全力で挑戦してみることだけは決めた。もはや、どこにも属していないのだから、遠慮することなく、農家さんのためになる企画にしたかった。はたして。企業というスタンスの中に、農家さんや僕らの意識が入り込んでいけるのか？

そこで、有機農業の業界の先輩たちや、団体として被災者支援をされている方、それから知り合いの農家さんへ、ありとあらゆるリサーチをはじめた。

「何がいま、必要？」と。

被災した農家さんのなかには、頭を切り換え、行き先を決めて、動き、前へ進んでいる人もいた。けれども、新しい場所で農業をはじめるというのは大変なこと。

生活が安定するまでの遠い道のりは、若手も年配の方も一緒なのだ。これまでに結果がみえず途方に暮れる農家さんのうなだれる後姿を幾度も見てきた。それは、震災のあとだから、というわけでもない。日本で、専業農家として独立していこうと思ったら、ものすごく時間がかかる。そんな状況を知っているからこそ、何ができるかを考えぬいた。企業、僕の持っているパイプ、農家、業界、ぐるぐる、ぐるぐる、と。

新規就農者の現状

ただでさえ、日本で農家としてやっていくには、時間がかかる。
さらに、新しい環境で、新しい土地で、となると、なおさらだ。
まず、移住をして、新しい畑を借りても、
その畑の状況は、野菜を育ててみないとわからない。
長く誰も使っていない耕作放棄地を開墾する、そこからのスタートだ。
移住先の、慣れない環境の中、
どんな作物ができるのか、種を蒔く時期はいつなのか？
さらに新しい土地の気候や環境の変化を知る必要がある。
作物をつくっては、水はけの状態や、土の状態を探っていくのだ。
なかには、その地域では実らない作物もある。

なかには、獣害が多く発生する地域だったりもする。

はじまってみないとわからないことが多々あるのだ。

慣れ親しんだ以前の畑とは、違う環境に立つわけだから、その土地の風土に自分の農仕事をあわせていかなければならない。

その日々に三年という月日は最低限、必要だ。

みんなの意見は、やはりまずは「初期投資」だった

新しい場所で農業をはじめるわけだから、それまでどんなに経験があっても、その土地では「新規」なわけだ。しかも震災が影響しているため、移住においては、必要な道具や機材一式など十分な道具を持ち合わせていないことも多い。

そして、有機農業をはじめてから三年ほどは、収穫した野菜の販売先を見つけることは難しいだろう。

いまでも日本は信用取引だから、新規の人がすぐに販売先に参入できるかというと、そうではないし、レストランはもうすでに他の農家さんと契約している。

たとえ、販売先がみつかったとしても、どんなにこだわった栽培をして、どんなに美味しく

できたとしても、一般の野菜たちと一緒に破格の値段（かけた手間や費用に合わない）で販売されるのが現状だ。

また地方に行けばいくだけ、野菜は飽和状態。だから、有機栽培か慣行栽培かというところでの、差別化は難しい。

でも、スタートからの三年間を乗り切れれば、価格も見合ったものがつけられる都内などの市場へ参入することができるようになってくる。

そこまでの三年間をどう乗り切るか。

だから、この企画のテーマは「初期投資」とした。

人のぬくもりを感じられる仕組みづくりを

移住した地域で有機農業をはじめる人に、お金で支援する仕組み。ちまちまもらっていては、大胆には進んでいけないから、一年に一度、ある程度まとまった金額を投資してもらう。

その代わり、農家さんには作付けの年間計画表を作ってもらい、種蒔き、収穫の時期を明確にしてもらった。できるだけ計画どおりに進めてもらって、運営側が、いま何を作っているのか、という状況がわかるようにした。

そして、収穫できた野菜は、福島に住んでいる子供たちや食事の必要な施設などに送る仕組みにした。少しでも農家さんの故郷への想いをつなげたかったからだ。

忘れたくない、忘れられない、何かしたい、でもいまここにいる、何ができる？　そういった想いのひとつでも、届けられたらと思った。

しかし送り先を開拓するのは、想像より、はるかに大変だった。この企画がスタートする頃には「自立したい」という現地の想いがあって「私たちはもう大丈夫です」と、野菜を受け取ってもらえないこともあったのだ。

それでも、なんとか、喜んでくださる保育園や養護施設などが二〇か所ほどみつかり、プロジェクトがスタートした。


このプロジェクトの中で、栽培する野菜の種類については何も取り決めていなかったけど、「何を栽培したらよいか」と相談されることは多かった。そこで、なるべく、その地域の固定種・在来種の野菜にしようとか、いまは無理でも、いずれは地域で愛されている野菜に取り組もう、と提案していた。


——プロジェクトが立ち上がってから五年がたった。

現在は、この支援企業に勤める社員さんたちが農家さんのところへ出向いて畑仕事を手伝ったり、収穫した野菜を希望する社員さんたちが受け取れる仕組みになった。立ち上げた頃と比べると、少しずつ形を変えながらも、農家さんたちのはじめの一歩に、手をさしのべる支援企画となっている。

僕は、主な運営そのものからは離れているけれども、月に一度はミーティングに参加して、何かあれば、勝手に意見を提案するというかたちでつながっている。

＊　新規就農される方へ

新規就農者の未来は？

新規就農をする場合「販売先」が大きな課題となってくる。

少し前までは、野菜を量産して、運ぶ、そういう組織の中に入っていれば、安泰だと言われていた。それは農業法人とか、生産者団体のことで、いまの組織化された流通に乗るということ。

ただ、僕が付き合っている農家さんたちは、在来野菜を栽培して、農法もそれぞれだから、そういった団体には属せない。だから農家さんが自分で販売先を探さなくてはいけないのだけど、地方ですぐに見つかるかといったら、なかなか難しいのが現状だ。

ファーマーズ・マーケット・道の駅の問題点

そこで、どうするか。まず考えられるのは出店者を募る、ファーマーズ・マーケットや、市への出店だ。

ただ、そこにも問題がある。

日本での市は、出店料がかかるということ。そして、「ファーマーズ」あるいは「マーケット」についての認識がまだ低いということ。

アメリカやヨーロッパで、マーケットが長くその土地に根ざすのは、

「地産地消」

「農家さんとのコミュニケーションの取り方」

「その楽しさ、楽しみ方」

そして、

「なぜこのマーケットが開催されているのか」

というところへの深い共通認識が、農家さんにも消費者にも共有されているからだ。そして、その歴史も長く、自治体や一般企業とも協力しあっているから集客力もある。だから出店料もそれほど高くはない。そうした好循環があるから、長く続いていたりもする。

現状、日本の場合は出店料が高く、集客も少ない。まだまだ意識的なところも、打ち出せていないし、そこを理解できる消費者も少ない。もっと言うと、現実的には、地方の古くから続いてきた市は衰退している。

だから、ファーマーズ・マーケットや市に出店したところで、農家さんが持っている「こう売りたい！」と言うイメージには、なかなかいきつかない。販売の仕方にしても、金額的な面についても、だ。

また、道の駅はすごく元気だけど、そこへの参入も新規就農者にはハードルが高い。

僕がこれまでみてきた道の駅の話ではあるけれど、そこに野菜を並べている農家さんたちの中には、サラリーマンを引退した六〇～七〇代の人たちも多い。彼らは僕らの世代と違い、野菜や植物を育てるノウハウを「生きていくための技術」の一つとして培ってきた。だから、家庭菜園レベルをはるかに上回る野菜をいとも簡単に生産することができたりする世代だ。

そして彼らは生活することに困らない年金受給者でもあるから、ある意味で野菜をいくらで販売しようと、そこへの興味はない。

そうすると、値段はおのずとお客さまに喜ばれるよう、安くなる。

消費者にとっては買いやすくなるが、真剣に農業だけで生活していこうと考えている新規就農者や、農家さんたちにとっては、けっこう厳しい状況だ。さらに言うと、そこでは有機栽培でも自然栽培でも、慣行栽培との差別化は難しい。同じ野菜として、同じように並べられ、同じ値段で販売される。

いろんな背景がもっともっとあるけれど、新規就農者がまず、つまずくところとして、最初の販売先というのは難関だ。

だから、もしそういう状況の新規農家さんと出逢ったら、ぜひ直接買ってみて欲しい。そして料理をして、農家さんと一緒に暮らしを作って欲しい。

僕は、というと、独自企画のマーケットの中で、その野菜を必要なところへ届けていく。

第4章
種について僕たちが知らなかったこと

＊ 僕たちは、四〇年前から続いている断続的な流れの中にいる

僕たちには先駆者がいた

僕らが、種について語る時、農業界の中で働きかけをする時に、通りすぎてはいけないと感じていることがある。それは、先駆者からのメッセージ。

日本でいうと一九七〇年代、環境問題に取り組む多くの人々へ影響を与えた、有吉佐和子著『複合汚染』（新潮社）という小説。農薬、工場排水、排気ガスなど、さまざまな化学物質による環境問題や健康への懸念が書かれている。ここからいろんな先駆者たちが、メッセージを発信してきた。そしてここからいくつかの有機野菜や自然食品の宅配事業が立ち上がった。

当時、無農薬の野菜はカタチがいびつで、葉っぱは虫食いで穴がある。そんな見栄えがよくない野菜を誰が食べるのか。口々にそう言われた。農薬という言葉もオーガニックという言葉も、一般に浸透していない時代。先駆者たちは、どうやってこの「オーガニック」という思想

を広げてきたのだろう。

四〇年前からいまに至る、これまでのこと、そしてこれからのこと。一つでも多く、そのことを知っておきたい、と常に思っている。

「無理だ」と思うようなことに向かっていくわけだから

四〇年前の「有機農業への世間の感度」と、いまの「在来野菜への世間の感度」というのはとてもよく似ている。それはどんな時代だったのか、その時の農家さんは、消費者は。

「有機農業への認知度が低かった頃、探しても探しても、有機野菜を栽培している人は少なかった」

四〇年ほどたったいま、どう変わっただろうか。

有機生産者は就農者全体のまだ五パーセント未満。それでも世の中にオーガニックという言葉がこんなにも浸透し、僕らはたくさんの有機野菜を手に取ることができるようになっている。

何より、人々の意識や認知度の高さについて、四〇年前と比べると状況がまったく変わっているのはたしかだろう。良い方向に変化したこともあるし、意図しない方向へ変化したこともある。この四〇年間で人々の「欲求」と「意識」は、有機農業を身近にしてくれた。

ここに至るまでの時代の流れには、興味深い出来事や事象がたくさんある。四〇年前に起こった、「環境問題」「有機農業」「消費者団体」「学生運動」。それらが、世界的にも時代を象徴する「LOVE&PEACE」というアーティスティックな文化の中にあった。そこにあったのは自然環境を大切にしたい、というスローガンだ。

その声は、アート、音楽、映画の中で表現され続けていた。歌を歌うように、映画をみるように、浸透していくその文化。

僕はいまの在来野菜をめぐる活動だって、ドキュメンタリー的な見せ方だけでなく、もっと生活に落とし込めるような楽しい時間を提案することで、真面目に問いたい。いまも昔も同じく「無理だ」と思うようなことに向かっていくわけだから。

ここから四〇年、僕が「待とう」と思っている二つのこと

ここ数年、新規就農者の中には、在来野菜だけを栽培する人も多くなってきた。しかし、家族があり、生活がある。そんな状況の中、在来野菜だけを栽培して生活をするというのは現実的にかなり厳しい。

とにかく農という仕事を軌道に乗せるため、流通に乗せやすく、育てやすい野菜を栽培せざるを得ないこともある。それはまったく正当なことだ。

だから、農家さんが増えることを待つ、正確に言うと、農家さんが作りたいと思う野菜を栽

培できるようになるまで待つ。

それから、もうひとつ。いま、農家さんが栽培している野菜の種をここから一〇年、二〇年と採り続けていれば、その土地に馴染んだ、その農家代々の野菜となってくる。たとえ今、その野菜がどこかと同じ種や同じ野菜だったとしても、一〇年後には同じ野菜ではなくなる。その土地で育つ野菜へと変化をするのだ。

僕はそこまで、気長に、根気よく、農家さんと一緒になって、待とうと思っている。

正しくて、でも、面白いことを

今を生きる僕たちは、四〇年前と同じく、「欲求」や「意識」をもっと声に出したほうが良いと思っている。

種は大切なことだから！　失くしてしまうと未来が大変なことになるんだよ！　ということを「八百屋」という流通の中で伝えていくことにした。

でも、世の中の潮流の対抗軸（カウンター）として活動を進めていくとしたら、気づかないうちに、誰かのささやかな日常を傷つけてしまうことだってある。自然をうたうことの「不自然さ」、そして自分たちの主張の反対側には必ず誰かが属していること、さらに、その人のことを心底、愛している人がいることも含めて、現状の対抗軸に立つという選択は、僕にはできなかった。

在来の野菜たちは、別の視点から見ていくと、どんな野菜もとにかく「美味しい！」。だから、その美味しい野菜たちを、皆で食べようよって、僕は、あの手この手で、隣のご家族から遠くの友人までを誘い出す。そんな食卓が、その声が、少しずつ、その次の四〇年後を作るのだ。

いつだって、人は歴史の過程の中にいる。

＊ そして僕は、古来種野菜という造語をつくった

古来種野菜とは

古来種野菜というのは造語で、そう名づけたのは間違いなく、僕だ。

warmerwarmer を立ち上げてから半年くらい引き売りをしていた時。面白いくらい、誰にも

見向きされなかった。だから目の前を通り過ぎていく人たちにどうやったら興味を持ってもらえるかをずっと考えていた。

現在、先祖代々大事に受け継がれてきた野菜、自然の営みのなかで育ってきた野菜というのは、いろいろな呼ばれ方をしている。

たとえば、伝統野菜、地方野菜、在来種野菜、固定種野菜、あるいは自家採種した野菜など。そしてその呼び方ごとに定義が違う。

販売する側としては、

「これは固定種ですか？　在来種ですか？　その違いは何ですか？」

とか、

「何県の伝統野菜ですか？　産地と違うのはなぜですか？」

という質問に答えたり、説明したりしなくてはならない場面があって、でも安易に「これは～です」とはっきり伝えられないことだってある。それが正直に言うとしんどいところがあった。僕はこの話をずっとし続けなくてはならないのか、と。

そうしたことは、あとからでも、お客さまが調べればすぐにわかることだと思ったし、何より僕がいまここで伝えたいのは、この在来野菜の美味しさだった。野菜を目の前にして、その野菜がどう定義されているかについて議論したくなかった。

そしてもう一つ。

「固定種、在来種」という呼び方は種やさんや、種のことを仕事にしている人、要は、種について知識が豊富な人たちの呼び方だ。

「伝統野菜、地方野菜」などというのも、この野菜たちのことを大切にしたいという想いから立ち上がった団体や仕組みの中から発信される呼び方。

じゃあ消費者の中から、

「種のことってなんだろう、大切なんだよね。ちょっと頭に入れておこう」

という意識が持ち上がった時に、その種や野菜たちのことを何と呼べばよいのか？

僕は、その総称がないことに気がついた。

もちろん「固定種、在来種」でもいい。だけど、まだそこまでの知識を得ていないまま、その言葉を口にすることに抵抗がある人もいるのではないかと感じたのだ。それに、そういった知識は後からちゃんとついてくる。

その前段階のところで、言葉として掴みやすく、もっとキャッチーで身近な野菜として食卓にあがりそうな言葉を探そうとしたら、あっという間に僕の中でおりてきた。

伝統野菜、地方野菜、在来種野菜、固定種野菜、あるいは自家採種した野菜。自然の営みの中で育ち、先祖代々大事に受け継がれてきた美味しい野菜は、全部、

「古来種野菜」

と呼びはじめた。都合よく（僕にとって）、あっさりと全部をひっくるめて。

「野菜の定義」について話し合ったところで、「種を守っていくこと」への答えなんてでない。絶対的なことはその野菜が持っている「美味しさ」と「美しさ」でしかない。少なくとも僕にとっては。

野菜の改良は、そもそも「愛」からはじまっている

戦中、田畑で農作業をする人が激減し、さらに、終戦の年は大凶作に。流通システムがなくなり、日本は食糧難へ突入した。配給制度はあるけれど、その量はもちろん限られていて、みんな食べることに必死だった。きっと、僕もあなたも、そんな状況を想像できない。お腹が空いていていないからだ。いつも満たされているからだ。

食べたいものを自由に食べられない時代を生き抜かなければいけなかったからこそ、農家さんたちは、自分たちの家族に、子孫に、こんなひもじい思いをさせたくない、もっと美味しい野菜を、もっとたくさん食べさせたい、そう思っていた。だから、生産量をどんどん増やす方法を積極的に選び、進んでいった。それが、いまにつながる化学肥料や農薬を使って大規模農業を推し進める、アメリカ式の農業を受け入れた時代。

もちろん、国の政策やさまざまな思惑があったことだけれど、「食べられない／食べるもの

がない」ということを、子孫である現代の僕らに引き継ぎたくない、そんな想いが改良につながる。だから、野菜の改良は「愛」からはじまっている、と僕は思っている。

そうした想いを忘れて、野菜の改良のことだけを問題視するのは、僕ら自身も苦しくなってくる。だって、先祖からの願いだから、想いだから。そして僕らはそれを食べて育ってきたから。これからも、きっと、そう。

もちろん、現代の人為的に際限なく改良を進めていくことについては、目を凝らし意見すること、働きかけることが大切だと思っている。

ただ、そのはじまりには、想像を絶する飢餓の時代に家族や子孫を想って、その道を選択した、祖先の想いがあった。僕らはそれを忘れてはいけないと思っている。

僕らは種のことに無関心だった

「人為的に改良を進める」ことのどこまでを、「人為的」というかは、とても難しい話になる。たとえば、流通の時にダンボールにきれいに並べられるように二一センチに育つ胡瓜とか、袋に詰める時にぽきぽき折れて見栄えが悪いから、小松菜は青梗菜とかけあわせるとか、人参の横に入っている深い溝は、洗っても土が取れにくくてごつごつしていて、加工する機械に入らないからなくそう、とか。

たくさんの野菜たちが、さまざまな理由によって、改良されてきた。

そういったことは「僕たちが望んだ効率化のため」だ。それらはもはや「子孫のために」という想いからはかけ離れてしまっている。そこが重要なんだ。

「人為的」ということが良い・悪いという話ではない。否定・肯定という話でもない。ただ、僕らは無関心だった。そうじゃない？　これまで気づいていなかった。ということは認めていこうよ。僕は認める。無関心だった、ってことを。

古来種野菜と呼びはじめてから四年たった

いいよ、いいよ、と、にやりとする瞬間がある。

僕が知らないところで、いろんな人たちがこの野菜たちのことを「古来種野菜」と呼んでくれているのだ。

そう呼んでいる人たちは、きっと、伝統野菜、固定種・在来種の野菜の定義のことは、僕と同じで、脇に置いている。おいしい、楽しい、驚きの発見！　など、身近な野菜とまではいかないけど、誰かに教えたくなる野菜として、浸透しはじめてきている。

その人にとって、どんな感覚でもいい、その人にとっての「古来種野菜」がみつかるといい、心底、そう願っている。

＊　「野」の「菜」の「種」は旅をする

土に還れば

僕の家の庭に、一本のもみじの木がある。
僕がもし、死んだら、このもみじの木の下にうめてほしい。
長い年月をかけて、僕の骨は土になる。
土の中の栄養の何かの一ミクロンくらい役立つはずだ。
そしたら僕は、
このもみじの木の根っこへ、たどり着こう。
たどり着いたら、何年もかけて木の中を浮遊しよう。
そしていつか、一枚の葉になり、
その葉を揺らす。

その葉はまた、季節を迎えて
ぽとり、土に還る。
そして僕はまた、土に還る。

墓場に行くことを考えても
ちっとも面白くもない。
恐怖心さえある。
だけど、大きな樹の下にいれば安心だ。
また何かの役にたてる。
誰かのあたたかさに触れていることができる。

野菜はその命を人にさしだしている「さぁどうぞ召し上がれ」

畑の中には収穫される野菜と、
抜本され種採りされる野菜とがある。
収穫された野菜はその命を人にさしだしている。
「さぁどうぞ召し上がれ」
と。
そして、僕らの体の一部になる。
体の一部とは。
食べたその野菜は形を変えて
僕の体の中で生きてくれている。
また畑に残った野菜は、
子孫を残そうと種を生みだす。
僕が食べた野菜、いわゆる僕の一部と
畑で種を残そうとしている野菜は、
同じループの中にいる。

もう一度言おう。

僕は野菜と同じ、そのループの中にいる。
だから種を守る活動とかって言うけど、
本当は、僕の中で生きているその野菜たちが
「さぁどうぞ召し上がれ」って、
僕をとおして、言っているだけなんだ。

＊　種はどのように定着するの？

在来野菜の種はどこからきたの？

実は、日本の原種の野菜というのはとても少ない。

身近なところだと、ウド、オカヒジキ、山椒、自然薯、セリ、フキ、三つ葉、みょうが、わさびなんかがそう。

じゃあ、大根とか、人参とか、普段、僕らがよく食べる野菜は、その種はどこからきたんだろう。

この在来野菜たちは、だいたい、中国や朝鮮半島を経由してやってきた。大根、かぶ、マクワウリ、アブラナ、なす、ごぼう、ねぎ、などは、戦国時代より前に入ってきたものだと言われている。

あとは人の移動、たとえば幕末に外国人がやってきた時、野菜の種を持っていて、日本にその種を蒔いて育てたり、明治時代は文明開化の一環として、国が積極的に海外の野菜を取り入れてきた。

この頃に、日本に渡ってきた野菜というのが、はくさい、たまねぎ、メロン、じゃがいも、トマト、洋種かぼちゃ、西洋系にんじん、西洋系ほうれんそう、スイートコーン、ピーマン、アスパラガス、などなど。いま、僕らがいただいている代表格の野菜たちが、この頃にはもう日本に入ってきていた。

人の手仕事によって、その種は野菜として定着する

たとえば、木引かぶ（長崎）と芥屋かぶ（福岡）。

とてもよく似ているけど、ちょっとずつ違う。でも、すがたやかたちを見ていると、どことなく兄弟な感じもする。

種は自然摂理の中で、人や動物と移動を共にしてきた。そこで根付いた種は、また、風にのり、人や動物と旅を続ける。それを幾度もくり返し、日本各地に在来の野菜が定着してきた。まったく違う土と風に折り合いをつけながら。

そして、その土地にあう野菜へ変化していく。交配、選抜をくり返すところには、必ず、僕らの祖先の手仕事があった。そして、その野菜は地域の食文化をつくっていく。

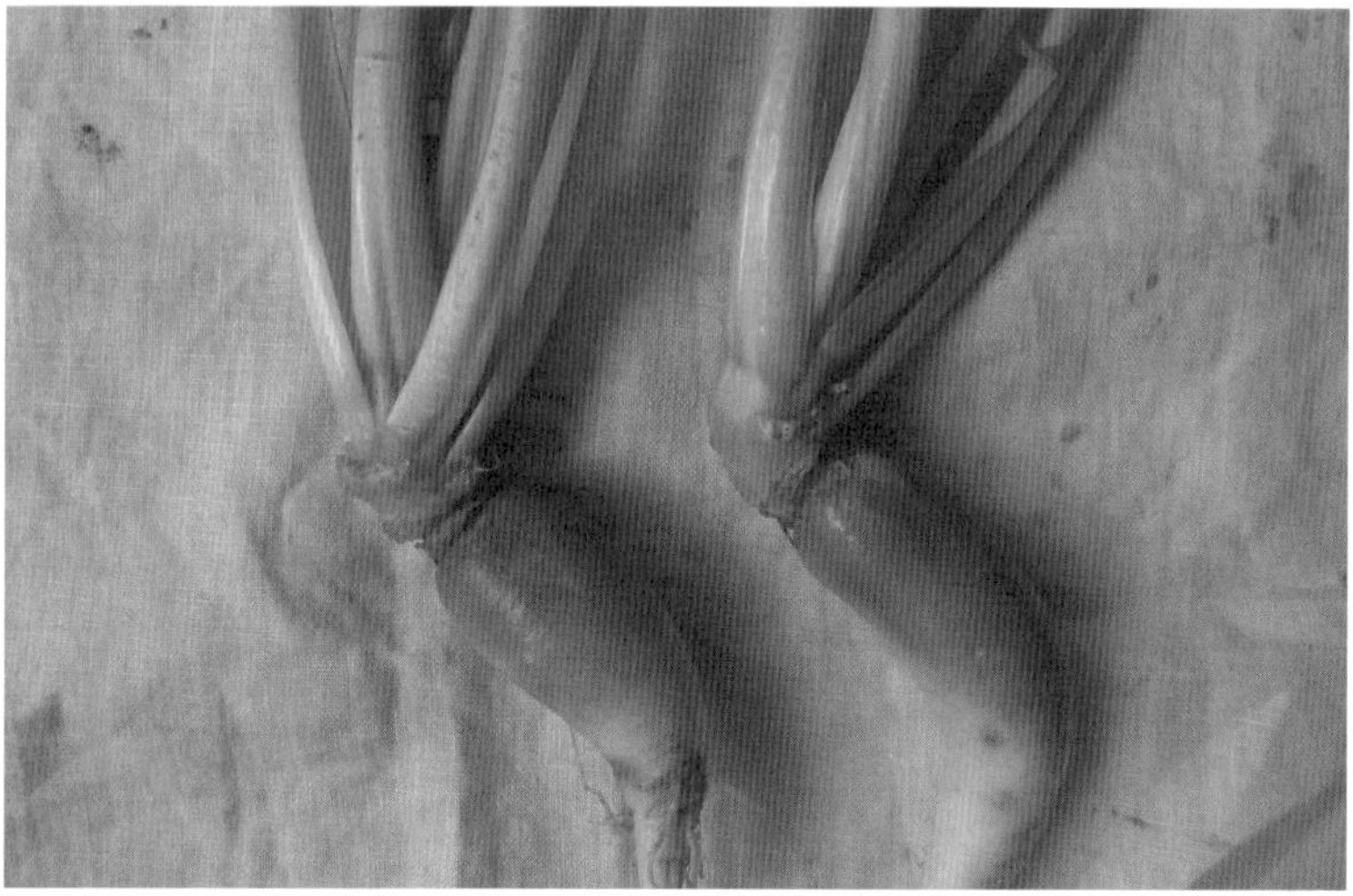

木引かぶ：殿様が旅の途中にもちかえってきた？　オランダ人が持ってきた？　福岡からやってきた？　など諸説あり、室町時代から長崎県平戸で栽培されてきたが、現在は生産者一人。

僕らの先祖たちは、その定着した種を、毎年、毎年、蒔いた

僕らの先祖たちは、その定着した種を、毎年、毎年、蒔いた。

一粒は空を飛ぶ鳥のために、
一粒は地の中の虫のために、
残りの一粒は人間のために。

そして自然に、家族に、その集落に、寄り添うように想いを込めて、その野菜に名前をつけた。

その村で栽培されていた野菜はすべて、生きていくために、大切に育てて、収穫できれば食し、そして、その次の年の、

芥屋かぶ：福岡県、池松自然農園の芥屋かぶ。糸島市志摩芥屋地域で栽培されている。
福岡藩から幕府へ献上された『筑前国産物帳』にも記載があり 300 年近い歴史がある。

またその次の年のため、そう、未来のために、大切に種を採ってきた。

そして、くり返す。

旅に出たとき、美味しい野菜に出逢ったら、種を交換したりして、村のみんなとその種を蒔く。時には、よその街から嫁いできたお嫁さんが持ってきた種を蒔いてみたりもした。そして、美味しく生きていく食文化を、自分だけではなく、村人みんなで一緒に作ろうと、その村全体として動いていた。

「生きていくために大事に守られてきた」野菜は、一人のひとで守っていたのではなく、すぐ近くにいる仲間と一緒に守ってきたものなのだ。だから失うわけにはいかなかった。

失われてしまうのは、心底イヤなのだけど

現在、おじいちゃんやおばあちゃんたちがたった一人で、わずか一畝《うね》だけで栽培していることで守られている野菜たちには、ほとんど、後継者がいない。こうして人知れず失われてしまった在来野菜はこれまでどれだけあったんだろう。

失ってしまうことは、寂しいことだし、心底イヤなことなのだけれど、でも、少し考えてみ

る。自然の摂理の中で、これまでも、野菜だけではなくて、動物も、植物も変化しながら、いまに生が続いている。その中には、いくつかの生のために、失くなってしまったものも、たくさんある。

その大事な種の存在を知っていながら、目の前でそれらがなくなっていくことを、よしとするわけにはいかないのだけれど、だからといって、僕らが、その種を誰かに託せば良いとか、積極的に後継者を推薦するとか、そういうことではない。

失われてしまうのは、心底イヤなのだけれど、じたばたするより他ないんだ。

＊　端境期という時期がある

在来野菜には端境期という時期がある

在来野菜には一年に二回、「端境期《はざかいき》」という時期がある。

その時期は農家さんたちが、ひとつ前の季節の畑を整理し、次の季節の種を蒔く時期。在来野菜が少ないといえば、そう。だけど、日本は南北に長い国。その種蒔きの時期も南と北では、その時期が一か月くらい違うこともある。だから、ない、けど、ある。ある、けど、ない。という時期。

八百屋では、南が端境期に入ってきたときには、北の野菜を仕入れる。北が端境期に入ったときには、全国的な端境期。だけど、その時だけの、とても短い旬の野菜たちがでてくる。春は葉物や山菜が、秋は同じく葉物だけど、それは、大根やかぶの間引き菜だったり、それから、ぼたんこしょう、枝豆、穂紫蘇、なつめ、など、あちらこちらでほんの少しずつ。その旬はたったの一、二週間だったりするので、一般の流通に乗ることはほとんどないけど、warmerwarmer には、ある。

それはそれは、見事な美味しさ。

そしてその端境期が過ぎると、だんだんとその季節の野菜が安定してくる。

共存

とはいえ、在来野菜が端境期のとき、日本国民一億人ほどの食事を、その短い旬の野菜たちでまかなえるか、と言ったら、全然無理。こんな時、活躍してくれるのが、現代の改良されて安定した収量が見込めるF１種の野菜たちなのだ。

だから、僕たちはいまここに在る野菜たちと「共存」したい。この、一般的な野菜たちが、人為的に改良されていくようになったのは、ここ四〇年ほどの話。その野菜を食すことによって、僕たちの味覚、ライフスタイルが変化してきたのは事実だし、この、たったの「四〇年」の間に、何百年と続いてきた在来の野菜たちを途絶えさせてしまってよいのか？　というのは極論だけど、在来野菜だけで、いまの社会が成り立つか、というとそうではない。

だから、共存。一つのプレートの中に、F１種の野菜も在来野菜も、一緒に並んでいる。そんな共存がいい。


でも、いまはその共存すら成り立たない。そこへの危機感を感じているから、在来野菜のことをばかりを話してしまうわけで。もし、共存できている流通が成り立っていたのなら、日本の食文化はもっと美しく美味しいものへ導かれていたのに、と思う。

肌感覚「在る理由」と「ない理由」

本来の市場とは、
狩りでも野菜の収穫でも、

獲れれば、収穫できたら、市場に並ぶ。
在る時に在るものが並んでいて、
人々は、足を運んで、見定めて、買う。

でも市場に何も並ばないことだってある。

それがその土地にある「生」と
人の「ひと仕事」の関係であって、
僕らが生かされているということを目の当たりにできる。
それが、本来の市場の姿。
生々しい言い方だけど、
昔の市場には「生」が溢れていた。
その生をみることで、
どうして在るのか？　どうしてないのか？
という肌感覚が自然と培ってきていたのだ。

だから、僕は端境期の時だってマーケットは開催する。告知の段階で、「野菜がない」とい

ゴーヤー（沖縄県）

沖縄の伝統野菜。今では全国的に流通しているが、
沖縄産のものは格別だ。苦味にもいろんな感覚がある。
むしろ、甘い、というか、果物のようなみずみずしさを味わえる。

うことを、全面的に伝えていく。ないものは、ない、ので、野菜はこの時期ならではの野菜を並べます、と。

でも、ないからといって、売場に野菜がないのは、かっこ悪い。だから、必死に全国から集めてくる。両手に電話、途中でファックス、いま行きます！　と車で出かけて、帰ってきたらジーンズと靴は泥だらけ。毎回、野菜を集めるのは難しいなーとか、苦しいなーとか思うんだけど、なんとかなるし、なんとかする、そしてなんとかならなかったとしても、ない、ということを伝える。

農家さんたちは、膝をコンコンと叩きながら、「夏ならもっとあるのに！」「冬ならもっともっとあるのに！」と、悔しがるんだけどね。

＊　日本が世界に誇る多様性

僕たちはいずれ祖先になる

日本の土が、風が、豊かなのは、田畑だけでわかることではない。

たとえば、いたるところにある更地。売り地なんて看板がたててあったりするけど、あの土地をほっておくと、草がぼうぼうに生えてくる。どこからともなく、小さくかわいらしい白や黄色の花が咲く。

翌年くらいになると、ご近所の庭に咲いていた種が飛んできて、同じような花がぽつぽつと咲いてきたりする。

これって「植物が自由に育つ土」ということ。

大根やかぶの来歴をたどると（ちょっと簡単に言うけど）もともとはヨーロッパから、中国へ、そして日本に伝わってきたけど、一〇〇種以上の大根を作っている国なんて、ほんとに、日本だけ。

たった一粒の種が、日本の気候や風土にあった野菜になって、その子どもたちが、日本中を旅した。そして僕たちの祖先が美味しく食べたい！　と一生懸命に働いて、こんなにもたくさんの種類が自然の摂理の中で生まれてきた。

なにも大根だけではなくて、茄子や、きゅうりや、かぼちゃや、豆類。などなど、それぞれの野菜には、さまざまな種類がある。これは、日本が世界に誇る多様性だ。

もうさ、そこへ対する日本人の愛情が、果てしないよね。

この野菜を確実に来年も食べられるように、そして孫やその孫の代、いわゆる子孫に残していくために、村全体でひとつの種、野菜、を守ったり、一年の中の季節ごとにルールがあったりする。収穫した全体の半分は、村の中で食し、残りの内、半分は市場へ、最後に残った分は隣町へ。だから、村全体の中で、守られているからこそ、その村の中で収穫を祈る。神様に捧げて祈りの言葉を発して、歌い、踊り、一晩中、祈る。

さて、僕たちはいずれ祖先になる。僕たちは未来の子孫へ、何を残してあげられるのだろうか。

伝えていく場

「種を守る活動」として、在来野菜の愉しさや美味しさをどう伝えていくのが、理想なのか。

僕が持っているイメージは「点が存在すること」だと思っている。

全国各地で在来野菜のマーケットでもいいし、お話会でもいい、小さくても大きくても、地域の中で根付いても根付かなくてもいい、ただ、点が存在することが大事だと思っている。

そのひとつひとつに大きな希望があると思うから、すべてに成功してほしいと思うけど、だけど、やっぱり「在来野菜への認識」というところは、まだ世間一般的には一パーセント程度の浸透率。そんな中で続けていくのも一苦労。

だから、かまえなくて気楽に、オーガニック・マーケットとか、ファーマーズ・マーケットとか、一日限定の、とか、季節ごとにとか、そのくらいでもよいと思うから（種市も一年に一度だしね）できそうだな、ということをやってみたらよいと思う。

そして、点として存在し続けたら、きっと、それがつながる瞬間がある。何をやってるのかわからなくなるほど、もんもんとする時間だって、きっとある。だけど、必ず、どこかと何かでつながってくるから。

つながることが目的なのではないけど、やっぱり同じ志の人と話をすることで、もっと、その存在が確かなものになっていくし、そして何より、愛されてくる。そうするとね、ひとつの季節ごとに、ちょっとしたご褒美があったりするんだよね。種や野菜からの。それは人との出会いもそうだし、自らの気づき、というところもあったりするのだけど。

音楽にはフェスがあるように、野菜には市が必要だ

都心では二〇年くらい前から、こういった新しい感覚の市やマーケットなんかは少しずつ増えてきている。

僕の世代などは、おしゃれなカフェにどぎまぎと翻弄されて、やっと慣れてきたと思ったら、こんなに素敵なマーケットが開催されはじめてきたから、新しい文化がハイセンスすぎて、最初はちょっと足を運ぶのがやっとだったりして、ぎくしゃくしていたけど、いまでは、それを楽しむことにも慣れてきたし、農家さんたちとの会話も楽しいし、思わず買ってしまったりする。

新しい若い世代の人たちは、お茶をするとかスイーツを求めて歩くこととか、暮らしを愉しむことが上手になってきているから、こういった市というよりマーケットをもう、やってしまえばよいのだと思う。そこで、根付くかどうかは、やりながらどんどん変えていけばよいし、途中でやめたってよいわけだから。

在来野菜をつなげていくのは、農家さんだけではない。こういった、「場」も、とにかく重

要な役割のひとつ。その「場」づくりは、なんだかちょっと楽しくて、わくわくして、心が解放されて、おしゃべりに夢中になって、財布の紐をほどきたくなるような、そんな市でなくっちゃね。

音楽にはフェスがあるように、野菜には市が必要だ。

第5章

種まく農家と美味しい関係

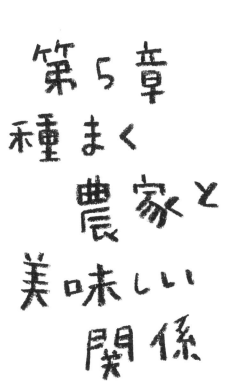

＊　美味しい関係って？

どんな野菜が美味しいですか？

「どんなすがた・かたちをした野菜が美味しいですか？」

「スーパーで買う時の選び方を教えてください」

とよく聞かれることがある。

僕はいつも「野菜とお見合いしてください」と言っている。自分がいま必要だと思っているものは、フィーリングでわかることがある。もし、スーパーマーケットでピンとくるものが見つからなかったら、別のお店に行って、また探す。気になるものが見つかったら、お見合いをする。それをくり返す。大切なのは、
自分の心の声を聞いてみること。

そして、そこをごまかさないこと。

食べるというのは、本来はもっと動物的なこと。僕が思うに「美味しい野菜を食べる」ということは、究極を言うと、土を知り、人（農家さん）を知る、ということだと思っている。有機栽培だとか、慣行栽培だとか、色が良いとか、かたちが良いとかではなくて、「誰から、どんな土地の・どんな野菜をいただくか」というところ。

信頼できる友だちが農家さんだったとして

たとえば、の話をしよう。

あなたの信頼している友だちが、農を仕事にしているとして。

日々の天候には左右されるし、野菜が収穫できるまではドキドキだし、もちろん、できない場合だってある。日常的な仕事も大変だし、野菜をいちいち量って、袋に詰めなくちゃいけないし。あ、そうそう、野菜袋や、それを止めるセロテープとか、袋を閉じるためのカラーテープとか、それからガムテープとダンボールも買わなくちゃいけない。

お客さまからのメールやファックスにも対応しなくちゃいけないし、スーパーマーケットからは「葉っぱに穴が空いていたから、返品」なんて言われる。あぁ赤伝を切らなくちゃ。

どんな仕事にも、付帯業務というものがあるけど、農家さんも野菜の栽培だけに集中する、なんてことはなかなかできなかったりする。

そんな中収穫された野菜たちは、どんな野菜だって、美味しいに決まっている。だって、友だちの苦労のカタマリだから。

他の誰かに「美味しくない」なんて言われたら、そりゃもう、胸ぐらつかむ勢いになりますよ。

美味しい関係！

でも、友だちから相談される。

「農薬使わないで栽培してるとさ、たくさん収穫できなくて。いま、生活が苦しい。今年が勝負だと思っている。だから、あそこの土のあの野菜だけ農薬使って、生活を一度安定させたいんだけど、どう思う？」

と。あなたなら何と答えますか？　きっと、こう答えませんか？

「農薬、使って！　そしてたくさん作って、生活を安定させよう。そうしたらまた、好きなように野菜を作ればいいじゃない！　応援するよ！　その野菜、私が買うから！」

と。そして、慣行栽培となったその野菜たちのことも、きっと美味しいと感じますよね。

すると、その友だちは言うんです。

「だけどあそこの土はとてもいい土だったから、農薬もそんなにいらないんだ。最初の一、二回くらいですむ。だけど、無農薬とは言えないんだよね……」

と。あなたならなんと答えますか？

「私にとっては無農薬と変わらないよ！　だから安心して作ってよ！　大丈夫、美味しいことは私が証明するから！」

慣行栽培の野菜、といっても、その土地の風土を理解している農家さんであれば、農薬を使う回数は少なくてすむ。気候の変動は読めないし、生計も立てなくてはならない。悩みに悩んだ末、どうしても使わなくてはならない瞬間が訪れることもある。でもなるべくなら農薬を使わないで野菜を育てたい。そうした農家さんの堂々巡りを「食べること」で一緒に共有する。

美味しいとは、「美味しい関係」なんだ！

※　**農薬**：作物を病虫害から防ぎます。成育を増進させるような薬剤もふくむ、その総称。

※　**化学肥料**：無機質の原料に化学的操作を加えてつくられた人造肥料。一般に化学工業の生産物と言われている。土をよくして、実を大きくしたり成長を早くすることができる、栄養剤の役割。

農家さんと同じ胃袋を持とう

結論を言うと、農家さんから直接野菜を買ってみよう。

そうすると、旬の野菜を知ることができ、学ぶことができて、もちろん美味しくて、ぬくもりを感じられる。お得感が満載だ。

何より、それほどたくさんの量を食べなくても、不思議と心の底から満たされる。そしてその調理法はいたって簡単。茹でる、炒める、蒸す、塩をする、味噌に漬ける、ちょっとのお醤油や味醂などの調味料で十分に美味しくいただけるから、自然と使う調味料が厳選されてくる。

そして、

「からだの底から美味しいと感じる時間や関係性ごと食す」

ことへの習慣ができあがってくる。それは、気持ちよく継続していくし、暮らしのリズムをつくることができる。

「丁寧な暮らし」というのは今の人々の理想。何からどうしていいかわからないように感じるけど、食においては、たった一人か二人の農家さんが作る野菜をいただいて、農家さんと同じ胃袋を持つことなんじゃないかと思っている。そうすると自分にとって「余計なもの」を食べる必要がなくなるし、「余計なこと」を見なくなる。その「きちんとした筋の通った食生活」

が、自分の中の真ん中を整えてくれるのだ。

僕ら、八百屋という仕事は、なくなることが理想です

美味しい、とは「美味しい関係」と、先に述べた。もしも友だちが農家さんだったら、というのは実際のところ、僕と農家さんの関係だ。

「農家を辞めるわけにはいかないけど、栽培方法を変えなくちゃな」

と相談されることがしばしばある。そうしたら、大丈夫！　まず、生活を整えることを一番に考えてください、僕は、あなたのどんな野菜でも買い続けますから、安心してください、と伝えている。

そうなったらそうなったで、販売できる場所が変わってくるから、いろんな卸先や販売方法を考える。この野菜を美味しい！　と感じてくれる人がいるところ。お客さまにちゃんと話ができる場、試食が出せるところであれば、絶対に大丈夫、僕は売る。

そういう想いが、移動販売やマーケットを開催する理由。僕の売る野菜は、絶対に美味しいと思っているから、饒舌にもなって、調子にのっておまけをしたりもする。

だから、みんなが知りたい、一番おいしい野菜というのは、農家さんを知ること、農家さんたちの意識と一緒に過ごすこと。農家さんと知り合って、直接、野菜を購入すること。最初は

難しく感じるかもしれないけど、いろいろと声をかけてみるのもひとつだと思う。そして、時には手伝いにいったり、時には野菜の感想を伝えたりしてみる。

そうすると、僕らのような八百屋は仕事がなくなる。

それでいいのです。ローカルなつながりは「心が落ち着く、野菜の買い方」だから。

＊　農家さんと僕

農家さんとの出逢いのひとつ——道の駅でのナンパ作戦！

農家さんとはどこで知り合うのですか？　とよく聞かれることがある。もちろん、前職からのお付き合いもあれば、新たに出逢うこともあって、時には農家さんご本人から、

「こんな野菜を作っています！」

と連絡をもらうことも。

そして、僕が最もワクワクする出逢いの一つは、地方の道の駅などでの、ナンパ作戦！だ。地方にある道の駅などでは、在来野菜と一般の野菜を区別することなく、同じ青果売場で販売されていることが多い。

農家さんたちは販売する場所が少ないので、在来野菜であることを特に表示するわけでもなく、ひっそりと一般の野菜と並べて販売する。種から育て、命をつなぎ、大事に栽培してきた野菜だとしてもだ。

だから僕は定期的にいろんな地方の道の駅に行き、これは！　もしかして！　と思う野菜については、売場の人にその農家さんのことを聞いてみたりする。タイミングがあうと「もうすぐ納品にいらっしゃいますよ」と教えてくれたりするので、そわそわしながら、農家さんを待ち伏せする。そして、農家さんが来たら何事もなかったように、話しかけるのだ。

僕は八百屋なんだけど、この野菜はとても美味しそうに見える、どういう風につくっているのか、どういう野菜なのか、どうやって食べるのか、なんていろいろ聞いてみると、だいたい、自家採種をしている野菜だったり、その地域の在来野菜だったりすることが多いのだ。

農家さんは、

「いやー、よくぞ気づいてくださった！」

とこの出逢いをとても喜んでくれる。それもそのはず。ここではまったく評価されないまま、販売されていたわけだから。

そしてお互いによい感触だったら、連絡先を交換して、後日あらためて連絡をする。農家さんに会えない場合もあるから、その時には道の駅の方に、名刺を渡してもらったりしている。その後はお互いが納得するまで話をして、時には畑を訪問したりして、そこから野菜の取引をスタートさせてもらう。そして、野菜を仕入れて、農家さんと僕が納得するようなところで、販売する。時々はその野菜がメディアで紹介されたりしたら、お互いに嬉しい。そういうことをくり返していくうちに、農家さんにとっての特別なニュースとかを、すぐに教えてもらえるようになったりする。こんな人と出逢って、こんな野菜があって、びっくりしたよ、希少なんてもんじゃないから、高橋君、買ってくれないかな、と。

こんな感じでここ数年は、ナンパ作戦を成功させたり、農家さんから農家さんを紹介してもらうことで、農家さんとの出逢いが広がっている。

僕は八百屋だから、農家さんは友だちで戦友だ

朝五時くらいから電話が鳴り、ファックスがくる。八百屋の朝は早い。

夕方になると、次はこの野菜をこのくらい出荷できそうだけど、どうだい？　買い取れるかい？　と。全部ください、大丈夫です、と答える。

これはすべての農家さんたちに言えることだけど、農業という営みは、大きな自然災害にあ

うことも多々あって。在来野菜を栽培している農家さんたちは特に、そもそも収量が少ない上、ハウス栽培でもなければ、なるべく露地栽培。だから、その影響をダイレクトにうけてしまう場合が多い。悲しい現実やその想いをたくさん聞くけど、そのつど、僕が全員に手をさしのべることはできない。だから、いまあるものは全部買います、と答えて、いま、この瞬間にできる限りのことをするようにしている。

一年に二度、農家さんの季節が、がらっと変わる瞬間がある。それは端境期を終えて、その季節の野菜が出始める頃。その、なんだろう、意見を求めてくる感じとか、いじらしくて、かわいらしいというかね。どげんやったか、売れるやろか、美味しいやろか、って。

だから、その野菜が美味しかったときには、その美味しさや、感動したお客さまの声なんかを伝える。だけど、収穫したときの状況や、配送のタイミングで野菜が痛んでしまうことだってある。そんな時は、どの段階で手をほどこせば、うまくいくのだろうかと、お互いに気を使わず模索していく。じゃあ、次はこうしようとか、量を減らそう、増やそう、新聞紙にくるもう、じゃあ、こちらで袋に詰めるから、シールは貼る？　貼らない？　かなり詳細で、綿密なやりとりをすることもある。

熟年の農家さんたちであっても、遠方への配送が初めての場合だってあるし、若手の農家さんだと、野菜の量をうまく微調整してくれたりもする。

コミュニケーションを常に取っている状態だから、電話もファックスもメールもその量がものすごい。だから、僕にはあまり友だちとよべる人がいない。でも、取引している農家さんが一番の友達だったり、戦友だったりするのだ。

福島から長野県上田市へ移住した、丹野喜三郎さんのこと

福島県二本松市で有機農業をしていた丹野喜三郎さん。3・11の原発事故の影響で、長野県上田市へ家族と一緒に移住された。

丹野さんは、ガハガハと笑う。奥さまはそれを見てニコニコと笑う。

久しぶりにお会いしたとき、丹野さんたちは、上田市に移住して半年たった頃だった。僕らの想像を絶するような苦悩がそこにはあっただろうと思うけれど、お二人やその家族は賑やかな明るい日常を過ごされていた。

3・11東日本大震災後、上田市は移住者を募っていた。その中心的役割を担っていたのが、僕も古くからお世話になっている、長野大学の古田睦美教授だった。当時、古田教授といろんな情報を交換しながら、上田の街をみたい、という農家さんがいれば、紹介をしていた。丹野さんと同じ生産者グループの方や、その他にも、上田を見に来られた方は何名かいたけど、結果的に移住されたのは、丹野さん一家のみだった。

丹野さんと同じ生産者グループの農家さんは、丹野さん以外、福島に残るという。移住＝逃

げる、という意識が日に日に大きくなり、気持ちが故郷へ引き戻されていったのだ。

丹野さんたちのように、移住した農家さんたちは、基本的にはどこからの保証金もなく、「ただ農業がしたい」その気持ちだけで、移住をしている。販売先もゼロベースからの再スタート。移住先には、家賃保証制度などがあったけれど、それも必ず期間が決まっている。

丹野さんは、苦楽を共に過ごした仲間たちとずっと一緒にいたかったはず。

そして僕に、こう言った。

「相手を想って、五回までは言い続ける。移住したほうが絶対にいいぞと。でもそれ以上は言えない、もう言えないだろう？　そうだろう？」

上田市はなぜだか有機生産者がぽっかりと少ない街だった。その中に、丹野さんのような熟練の技術を持った農家さんが移住した。いつか、有機農業をやろう！　と思っていた方々が、丹野さんから影響を受けている。僕らが訪問した時も、若い方が集まってきていた。

丹野さんは今年で七五歳。

受け入れる側と受け入れてもらう側の波動のようなものが一致して、新しいエネルギーが生まれている。

僕は移住した二〇名ほどの有機農業生産者たちと、定期的に連絡を取り合っている。それぞれが、それぞれの道を歩んで五年が過ぎた。そして形は違えど、丹野さんのように、何だかわからないけど、ふわっとしたムーブメントをその移住先で作っている。

悲しくて、悲しくて、苦しくて、苦しくて、いまだってきっと、数分に一度は故郷を感じているに違いないのに、こんなふうにまたその地力を作れるなんて。

やっぱり農家さんってすごい。もう、その言葉しか出てこない。

千葉県の齋藤完一さん――「あなたが買ってくれなかったから」

僕が前職でバイヤーをしていたころ、取引のあった千葉県の有機生産者、齋藤完一さんの畑へうかがった。有機農業の経験も豊富で千葉県の生産者グループをまとめていらっしゃるほどだ。二〇年以上も自然と向き合い、その力学を独自に学んできた情熱のある農家さんのひとり。畑を訪問したとき、齋藤さんは、在来野菜を作らなくなった、と話してくれた。農家さんたちが、在来野菜を作らなくなったのは、時代と流通の変化が大きな原因なのだけれど、齋藤さんはどうだったんだろう、どう感じたんだろうと、栽培をやめてしまったその理由を聞いてみた。

「どうして種採りをやめたんですか?」

と。

すると、齋藤さんはこう、答えた。

「自家採種しても、あなたたちが買ってくれなかったでしょう」

「本当は、やりたいんだよ」

ショックだった。

頭の中が真っ白になった。そうか、齋藤さんにとって、僕は流通の中にいる人間なんだ、農家さんからすると、僕たちが、その在来の野菜たちを買わなかったんだ。まったくもって僕は当事者の一人だったんだ。

と、同時に感謝しきれない言葉にもなった。

齋藤さんにはっきり「あなたたちが買わなかったから」と言ってもらえたことで、農家さんがあるよ！　って言ってくれた野菜は、買うよ、買うから、いまある在来野菜、全部送って！と言えるようになった（とはいえ、言えない時もあるけど）。

でも、そうすると、良いこともたくさんある。いろいろな種類があればあるほど、収量が多かったり少なかったり、安定しないからこそ、見えてくるもの、伝わってくるものがある。

こないだなんて、野菜じゃなくてカサブランカが送られてきた。庭できれいに咲いたから、って。嬉しいよね、こういうの。本当に、嬉しい。仕事を共有しているんじゃなくて、日常を共有している。そんなふうに、農家さんたちが思わせてくれるんだ。

「自家採種しても、あなたたちが買ってくれなかったでしょう」

「本当は、やりたいんだよ」

二度と、誰にも言わせたくないし、僕がこの言葉を忘れた時は、うしろから迷わずかかとおとしをしてほしい。「このモヒカン野郎!」って。

＊

ある農家／野菜との出逢いがすべてを変えた
――長崎県雲仙市の種採り農家、岩崎政利さんとの出逢い

小さく歌をうたうように紡がれた言葉たち

岩崎さんと初めてお会いしたのは、前職のとき。野菜のバイヤーで全国をとび回っていた時

だから、かれこれ一〇年くらい前になる。

とにかく、岩崎さんの穏やかな人柄とは裏腹に、その野菜たちのすべてが力強く、エネルギーに満ちあふれていて、もうそれは、感動を超えて、言葉が出ないほどだった。すごく不思議なのだけど、こういう時は、他の何かと比べる意識なんて飛んでしまう。なんだかよく分からないけど、これまで出逢ったことがない野菜たちだったし、まったく新しい世界を見せてもらった。

その野菜のすべてが、僕の在来野菜への感覚を一気に上昇させた。

岩崎さんの野菜を、たくさんの人に紹介したい、販売したい。その話をしたら「大手の流通に対しては良い思い出がない」ということで、一度、断られてしまった。

だけど諦めきれなかったから、何かにつけて岩崎さんの畑に行くようになり、わざわざ前泊するようになり、自宅近くの小さな民宿に一緒に泊まるようになり、お酒を一緒に飲むようになった。

岩崎さんの話はとても良かった。小さく歌をうたうように紡がれた言葉たち。その内容は、会社員だった僕にぐっと来るものがあった。

岩崎さんがいまの農法をはじめられてから、三〇年以上たつ。これまでに岩崎さんの野菜をどんな人たちが買ってこられたのか、ということを聞くだけで、食の歴史、人の台所の歴史が見えてくる。時代ごとに、問題はいくつもあったけれど、めくるめく時代背景の影響を受け、どの時代でも苦労されていることはあきらかだった。

また、農家さんにとって、企業と取引すれば安定する、ということはまったくない。質にしろ量にしろ、多くを求められる。ここ数年の亜熱帯気候への変動は、北へ北へと進んでいて、これまでの農法ではうまくいかないことも多い。

そんななか、企業側の理由で突然、取引がなくなることだってある。そうなれば、せっかく作った野菜たちの行き場は、ない。何より悔しいことだけど、それは現実的に起こっていること。その逆ももちろんある。どこの畑でも豊作すぎた野菜たちなんて、行き場を失い、いくらにもならない金額での、取引だ。

だから、企業と取引する場合、一気に作付けを増やすことはリスクもある。ようは、需要と供給のバランスを一気に上昇させてはいけないということだ。


何度か顔をつきあわせて、岩崎さんが心配されているような状況を、僕が理解することで、それが伝わったのか、ようやく、取引について首を縦に振ってくれた。

そして、その条件を整えた。岩崎さんには、一切、注文をしません。出荷できるときに手配していただいて大丈夫です。僕らはプロだから頑張って販売します、と。

それから、会社での取り扱いがスタートする。

その一切注文をしない、という取引は、当時の食品業界をおいても前代未聞だった。さらに、前職の会社としては、有機JAS認証を取得している野菜をメインに売場を作る方針だったから、認証をとっていない岩崎さんの野菜を扱うことは、会社の意図とは完全に逆走した動きをしたことになる。

平家大根の八〇〇年――この大根にとって、僕らは、一瞬の存在だ

この平家大根は、岩崎さんが宮崎県椎葉村のクニ子おばあちゃんから譲り受け、大切にその命を繋いでいる。

この大根を手に持った時のことを、いまでもよく覚えている。ずっしりとした、なんとも言葉に出せない感じ。大根が自由に手足をのばし「みて！　みて！」と言っている。岩崎さんの、その手で土から抜かれた平家大根はそれぞれに、自由だった。

平家大根とは八〇〇年も前から、平家の落武者たちが宮崎県の椎葉村でひっそりと栽培していた大根だ。

八〇〇年という年月。

いったいどのくらい、僕らのご先祖さまが手を動かし育て守ってきたのか、想像すらできない。その意味、その深さ、その歴史、僕はどれのひとつも理解できていないし、きっとこれからもできないと思う。ただ、ひたすら、食べてつないでいくことしか、できない。

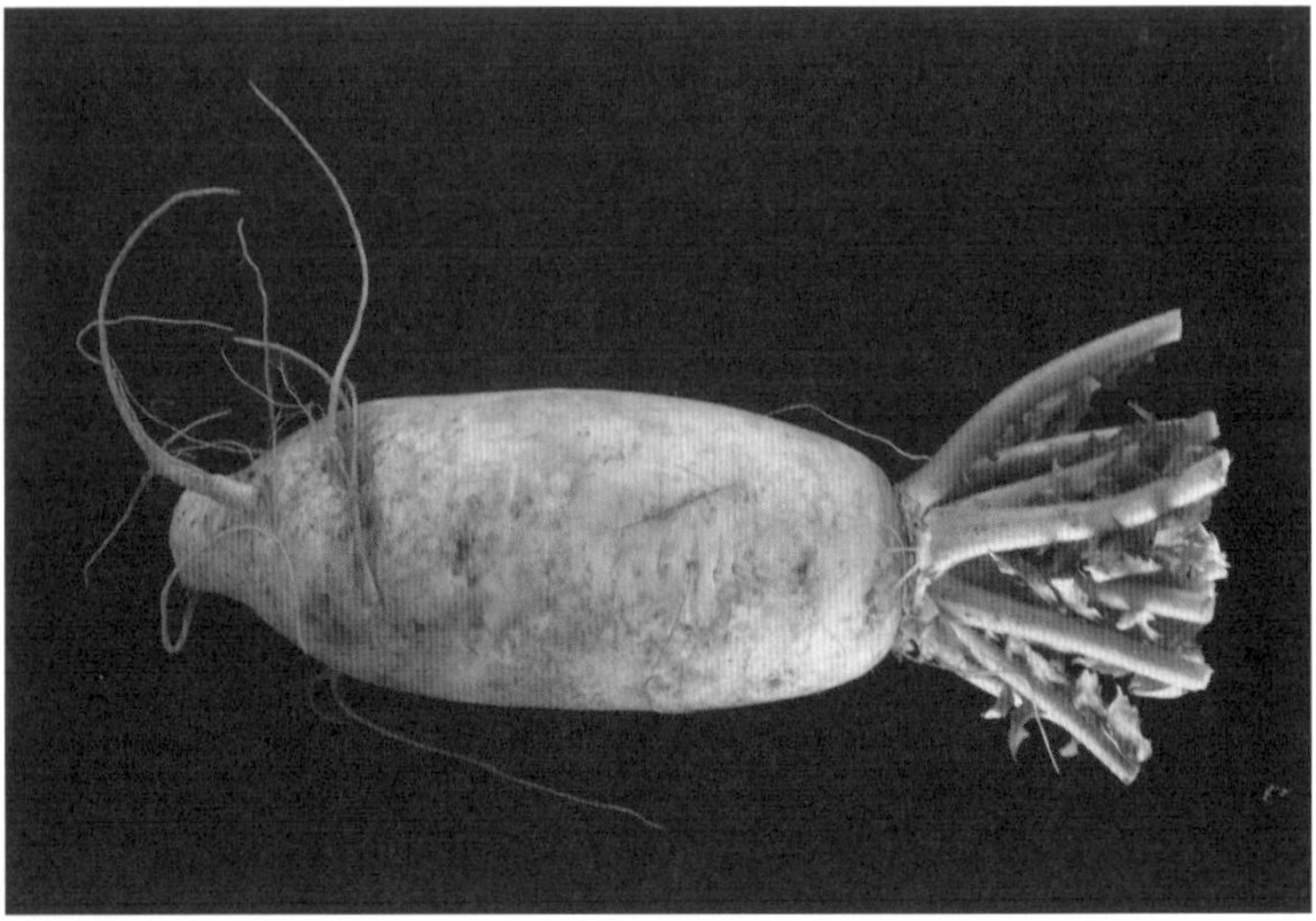

800年、その命が繋がってきた平家大根。僕の価値観を変えた野菜のひとつ。

だけど、ひとつだけ、わかっていることは、その代々続いてきたご先祖さまの末端が、いまの僕たちだということだ。僕らはこれから先祖になる。それは誰も同じで平等なこと。だから、この平家大根を次の世代へきちんとバトンを渡すことを、みんなでできるとよいなと、思っている。

この大根にとって、僕らは、一瞬、の存在。命が続いてきた平家大根の八〇〇年、そのバトンはいま、僕らの手の中にある。ぎゅっとにぎりしめていこう。

忘れられない言葉

いまでもよく思い出す。

最初に会った、その帰り際、岩崎さん

は白い軽トラックの脇に立って、

「農法は生き方です」

と、僕に言った。

僕の中で、何かが広がっていった。ある意味、野菜に対して自由になれた。そうか、慣行栽培も生き方だし、自然栽培も有機栽培も人一人ひとりの、生き方なんだ。そこだけを見るのは止めよう。ただただ、野菜に寄り添っていこう。そう思えた。

岩崎さんの畑を、その哲学を届ける

僕が独立をしてから、最初の一年は岩崎さんとの直接取引をお願いすることはできなかった。なぜだかよくわからない感情ではあるんだけど、僕が岩崎さんの野菜を取り扱えるほどの自信がなかったのかもしれない。

ある時、覚悟を決めてやっと言えた、「野菜をください」と。「その哲学を届けさせてくださいい」と。そして、取引がはじまって四年ほどたとうとしている。

岩崎さんの野菜たちは基本的に何が入ってくるかはわからない。だけど、岩崎さんが何を栽培しているかは、だいたい把握している。何が入ってくるかはわからない、と言っているけど、どういうタイミングでどの野菜が入ってくるかは、その年によって違うし、できる野菜、できない野菜もあるので、そういったことを含めてお客さまには何が入ってくるかはわからない、としている。確実ではないから。

ここは東京で、岩崎さんは長崎。電話をして、ファックスをして注文して、野菜が届いて、わからないことがあったら電話して聞いて、というのをくり返す。一年に、三度ほどは長崎へ行き、畑をみせてもらって、話をする。お互いに顔をみて話をした方が、安心するからだ。

岩崎さんも言うように、やっぱり、美味しい野菜を、それを求めるお客さまへ届けるのが、流通としては一番よい。だから、そういった意味でも、時々、東京で企画したイベントに、岩崎さんをゲストとしてお招きして話をしたりする。

warmerwamer の古来種野菜セットを買ってくださっているお客さまや、取引のある飲食店の方は、すごく喜んでくれる。ますます、野菜と近くなります、岩崎さんの畑と近くなります、と。

農法を超えて、種は風土を覚える――岩崎さんとの対談

独立を決めて、まず始めに、お世話になっている農家さんたちのところへ足をのばした。3・11東日本大震災から三か月たった頃だったから、農家さんたちはみんないろんな情報を集めようとしていたし、じゃあ、自分たちは何かを変えていく必要があるのか、というところを

模索していた時だった。それはもちろん僕も同じだった。だから、農家さんのところに行き、話ばかりしていた。

結局、何の答えもすぐには見つからない、今という時間を、続けていく先に何か見えるんだろうね、という結論しか見えなかったけど。

そして、二〇一一年六月、僕はまた岩崎さんの畑にいた。その時にお話ししたことをここに記録しておきたいと思う。

――最近の有機野菜の味について、以前のように、味にインパクトと驚きがないと感じていますが、それはどうしてだと思いますか？

最近の有機野菜が美味しくないのは、天候の影響だと思います。うまくその季節と一致したときはよいが、雨が多かったり、干ばつが続いたり、乾燥が続いたり。うまく野菜が、いまの天候の中でいい状態に成長していないように感じます。とくに長雨という問題もありますよね。

あとは、有機ＪＡＳ認証を取得している野菜では、生産者のモラルもあると思います。有機ＪＡＳ認証を取得するために、その中で使用可能な農薬などを使用し、検査に通るための努力の精一杯で、その先のことはなかなかできないとか。

自然農や認証を取得していない人は、毎年、その土地や気候にあった農業をするために、努力しているけど、有機ＪＡＳ制度の枠を超えて、農法的に努力しようとか、そういった努力がなかなかできなくなってくるからね。これが有機ＪＡＳ認証制度の問題だと思います。

これから遺伝子組み換えの話が、社会に広がっていく中で、極端に言えば、一つの時代と言えば時代、遺伝子組み換えの種も、伝統種の種も、ともに同じように、もし共存できれば、一番素直な農法かなって。それが共存できないから、否定するしかないんじゃないでしょうか。

科学と自然、この二つがよい関係であってもらいたい。

批判だけしていても、先には進まない。Ｆ1種は、多収性があって、すべてが悪い訳ではない。そういうことがあるから、批判ではだめですね。

その中で種もちゃんと守られて、発展していく感じが、よいですね。

ただ、いまはどうみても、そういう、伝統種の野菜や種が守られているという感じがしないのです。

本当は、ジーンバンクが全国にいくつもあって、「種」が守られているのがいいね。しかしやはり、結果的に思うのだけれども、失う種がないように、保存する、ジーンバンクの役目は一定必要と思うけれど、いつでも、保存されている種を蒔けるかというと、生きたまま畑の中で、くり返し、くり返し生きているというか、そういう姿でないと、いまの温暖化や気候変動に、「種」がついて行かないと思います。

　実際は農業、農民が立ち上がって、それらの昔から続く在来種の種をたくさん守りながら、農業、生産活動しながら、畑の中で保存しながら守られていく。

　新しい時代の気候変動についていくためには、その土地に土着できるよう、年月が必要なんですね。


　守るということは、経済がともなわないと守れない。保存だけでは、守れない。やっぱり生産活動があって、経済活動があって、そしてそれが回っているというか。あるいは重要な食料の部分で守れる部分があるのですけど、そういう難しさがありますね。

　だから都会の消費者の理解と、いまお話しした経済活動がやっぱり必要で、運動ではなく、ちゃんと経済に乗らないと、永遠と次の世代にはつなげない。

「種」は地味だから、はじめてからも一〇年も二〇年も、年月がかかる。それまでは、よい結果がでない。時間と根気が大事やね。


——在来種の種の良さについて、日々、どう感じられていますか？

　風土になじめば、すごく「美味しさ」の表現ができるとか、あるいは生産の安定も可能になる、そういう強さはありますね。それが在来種のすばらしいところかなって。

伊勢丹新宿本店との共同企画で岩崎さんとのトークイベントを開催。

それは農法だけで解決できない美味しさ。種が風土を覚えるんですよね。

農家はあまりガチガチにしないように、いろんな窓口をたくさんつくって、「種」を、それぞれがもって、自分の農業を進めていけばよいと思う。やはりひとつに特化していくのは難しいと思うし、行き詰まるということがあるじゃないですか。

生産者も大変だけど、そこの間に立つ人も大変だと思うんですよ。

——これからの流通はどうしたらよいと思いますか？

昔は卸業に専従した人たち、宅配に特化した人たち、あるいはお店での売りに特化した人たち、いろんな人たちが、食の安全を広めようとやってきたけれどもね。いまは、東京というところに消費者がいるからね。

昔は、消費者団体が農家を支えていて、二〇〇世帯、三〇〇世帯とかって、付き合いがあったものだけど、その役目が、三〇年たったら高齢化されて、みんな役目を終えたようなね。そこで困っているのが生産者ですよね。消費者団体の努力があったから、農家を続けてこられた。その消費者団体の活動が低下して、運動ができなくなって、支えられていた生産者はいま、過渡期だと思います。

だから、野菜のよい生産者のことを伝えていくというか、よい生産者をよい消費者につなげていく、それが一番手間がかからないし、一番最後の手段というかね。

いまは特に、都会の消費者団体はほとんど消滅している時代だから、そういうシステムや役目が、流通の中で起きていったらよいのだと思います。

＊　僕には野菜の師匠がいる

僕の野菜の師匠は和田高明さん

僕には野菜の師匠がいる。和田高明さん、昭和一八年生まれの、七三歳だ。出逢ってからかれこれ一〇年ほど。仕事に没頭していた僕のことを常に気にかけてくれていた。

一九七〇年の学生運動からの波風。その時の波動をもちつつ、五〇年近く野菜・果物の流通業にバイヤーとして携わっている人だ。

和田さんは、毎日のように朝四時からの二時間を築地で過ごしてきた。ふらっと歩き、喫茶店で一服し、寿司屋の大将と言葉を交わして。和田さんの目が何をみているのか、何を感じているのかを、もっと知りたくて、月に一度は一緒に築地市場をまわる。市場歴四〇年以上の和田さんの庭を。

もともとは記者になりたかった、ということもあって、その着眼には僕も時々はっとする。農に関する知識は、卓越したものがあるし、そして、環境や社会問題についても独特な見解をもつ。それを捉える感度と言葉には鋭いものがある。会う人、会う人、和田さんに引き込まれていくんだ。

八百屋っていうのはな、有機野菜だけをみるんじゃないぞ。

そう、教えてくれたのは和田さんだ。本当にその通りで、もし、僕がその言葉を聞かなければ、おそらく限られた農法の野菜のことしかみていなかったし、幅広い見解を持つことはできなかったと思う。僕は和田さんの足元に遠くおよばない。

ここに、いくつか師匠の言葉を紹介したい。

人間は「生産」「生産」というけど、非生産だよな、ある意味――師匠の言葉

植物ってのは、光、水、炭酸ガス（二酸化炭素）があれば光合成で栄養素を作っちゃう。それで何千年も生きる。人間は一生懸命栄養をとったって、せいぜい生きて一〇〇年じゃん。ずっと健康で生きられりゃいいけど、そうとも限らない。だから植物より頭のいいやつはいいな

いよな。

しかも人間というのは一番だらしない。次から次へとビル建てちゃまた壊して。またどんどん、どんどん、高いの建ててさ。ということはさ、下へもどんどん掘らなくちゃいけないじゃん。あなたが地球だったらさ、身体に重いものを載せられたり、穴掘られたりしたらさ、胸の痛みに耐えかねて壊れちゃうの当たり前でしょ。

だから自然に反することは息苦しくなるし、ひずみがおきてくるんだよな。

赤提灯は人民大学って、オレはよく呼んでたんだけどさ──師匠の言葉

昔は呑み屋といえば、赤提灯とかキャバレーとかあったけどさ、それがいまはチェーン店になったろ？　で、キャバクラ？　キャバレーとクラブを一緒にしてキャバクラって言うらしいけどさ、全然違うよね。キャバレーもクラブも女の子が行っても平気だったんだから。

昔はホステスのナンバーワンなんて美人なだけじゃ絶対になれなかったな。話題の多い人じゃなきゃ。

だから赤提灯は人民大学ってオレはよく呼んでたんだけどさ。大学の先生から何から全部一緒に呑んで。政治の話でケンカになったり文学論争したりさ、プロ野球から、それこそあなたの神様の話とかさ。大喧嘩して殴ったり殴られたりして、そうすると必ずママとかマスターが

野菜の師匠、和田さん。季節の話から市場の動向について、
何でもないような日でも、とにかく話をする。

「出て行きなさい！」とか。

なにしろ一番えらいのがママとマスターだから。そういう秩序が守られてた。いまは秩序がないもん。みんな「食事」に来てるんだからしょうがないもんなあ。

賞味期限なんて気にしたことないけどなぁ――師匠の言葉

何でもね、衛生的だとかなんとか言ってきれいにしちゃうと、ますます変な病気が流行るんだよ。だんだん免疫のほうがなくなってくるんだよな。

よく手を洗いなさい、うがいしなさいって言うけどさ、何でも言われる通りにやってるだけだと、いわゆる危険察知能力も鈍っちゃう。

製造年月日、賞味期限ばっかり気にして、ほんとに腐ってるのには気がつかないとかさ。犬、猫は見ないでしょ。そういう表示。

ちょっと匂いを嗅いだりとかして「おかしいな」とか「こうなればダメになる」とか自分の五感で判断しないと。

そうじゃないとお店でいいものなんて買えないよなぁ。

それは在来野菜からのギフトだった

＊

種と野菜と農家の物語を共有したかった

全国から野菜が届く。

その箱を開ける瞬間の、ドキドキというか、わくわく、というか、そわそわ、というか。それを感じられるのがとても幸せなのだ。

出荷場には、野菜の香りや土の香りがめいっぱい広がる。僕はそれを吸い込む。そして僕は一気にその野菜たちを触っていく。

たとえば、「世界一」という枝豆がある。生産者は新潟県の刈屋高志さん。

「おばあちゃんから受け継いだ枝豆、です」

と紹介してくれた。おばあちゃんが、名前のない枝豆をご先祖から受け継いでいて、世界一美味しいから「世界一」と呼びはじめた。

でも、きっとその枝豆は、おばあちゃんのおばあちゃん、そのまたおばあちゃんから、ずっと、続いてきた枝豆だ。だとするとその一粒の中にどれだけの記憶や想いや、刈屋さんのご先祖の日常がつまっているんだろう。そんな枝豆を僕は、販売させてもらっている。いい加減なことはできないと思う気持ち。

その、物語のどの部分も省くことなんてできない。

その在来野菜を育てた人の想いがすべてで、どんな野菜にも物語がある。その野菜を受け取った人がそれを感じることができるほど、在来野菜のエネルギーというのは素晴らしい。

そんな熱量の高い循環を目の当たりにするおかげで、思いもよらぬ僕自身の感情と一緒に過ごすことができたりする。そのことを、そのすべてをただただ誰かと共有したかった。

それは、在来野菜からの、自然界からの、ギフト

農家さんからの手紙、メモ、ダンボールに書かれた「この上にものを置かないで！」などのメッセージ。どれ一つ、とりこぼしたくない、という想いを、ちょっと大雑把だけど、写真として記録したり、保管したりしていた。

何年もそんなことをしていたら、それが、少しずつかたちになって、「マガジン八百屋」を四冊自主出版して、「Piece Seed Project」と名をつけた写真展まで開催することになった。

いろんなところで、いろんな人に見てもらえるようになって、その写真や文章が、誰かに伝わり、自分たちの域を超えて、全国、時には海外にも飛んでいく。

何なんだろう、これは。意図していないことなのだけど、どうしてこんなに、僕を楽しませてくれるんだろう、って思っていたんだけど、わかったぞ、うん、きっとそうだ、これは、たぶん、自然界からの、ギフトなんじゃなかろうか。

シェアしなければ、喜びも悲しみも

記録することで、もうひとつ伝えたかったことがある。

農家さんは日々もがいている。季節のいろいろや自然界の変化に影響されて、一瞬にして数か月の時間を取り戻せなくなる時がある。何か月もかけて育てた野菜が収穫できなくなる、ということだ。

それは、季節や自然だけが原因なのではなくて、僕らの「これまで」にも責任があるのに、野菜に関していえば、農家さんだけがその影響をダイレクトに受けてしまう。消費者は、そこに品がなければ別のお店で買えばいい。でも、農家さんは……なければ、それで終わり。そこに野菜がないかぎり、収入は得られない。

もちろん、被害が大きすぎたときには、後々に国の補償があったりするけれど、ニュースにはならない小さな事件は、僕のまわりでたくさん起こっている。天候だけじゃない、鹿が食べ物を探しに山を降りてくる、鳥たちは賢くなっている。

シェアしなければ、喜びも、悲しみも。

その記録を通して僕らは自由になれるんだ

在来野菜は植物で、僕らは動物、

僕らは、植物と同じ土の上にいる。

人が賢いことなんて、幻想でしかない。

マガジン八百屋。僕らの意見、それから農家さん視点での
日常などを切り取り、写真や文章として表現している。

そんなことに気づいていくと、
何も変わらないと感じてしまっている、
目で見えている社会、
あるいは見ている風景は、
変わらないかもしれないけれど、
想像＝イメージできる風景は、
確実に変わっていく。

それは気持ちのよいことで、
心が自由になっていく。
色彩、音、言葉、
ぐっと胸に響いて、
この感情に出逢えたことに嬉しくなる。
忘れていたような、
知っていたけど奥底にしまっておいた
ような、

自分との対話。

やぁ、久しぶり。


この「マガジン八百屋」には、僕が目の当たりにする日常を、真面目なんだけど、真面目でなくて、正しすぎることなく、なんだかちょっと、気になるワードがつまっている、というような「何か」であるものを作りたかった。なぜかって、いまなら伝わる、と、思ったから。

そして、三年かけて「マガジン八百屋」を自主出版にて四冊、発行した。

＊　記録「Piece Seed Project」

在来野菜は、かたちが不揃いで、色もみんなバラバラで、その個体差に驚くばかり。その美しさに圧倒されて、手元にあったカメラでひたすら記録しはじめた。なんとも言えない野菜たちのフォトジェニックな姿。

撮っている時間、それは料理するときとはちょっと違う、記録というかたちで野菜たちに寄

メリーゴーランド京都で開催した写真展の様子。たくさんの人に来ていただいた。

り添うときの、静かに目を開き、耳をすまし、五感を開く時間。写真を撮るようになってから、二年くらいは、一般的なデジタルカメラで撮影していた。

しばらくして、一般的なデジタルカメラだと不自由さを感じるようになってきて、一眼レフカメラを導入。さらに友人でもある写真家S・ジェニーさんに時々出荷場に来てもらって、季節ごとの野菜を撮影してもらっていた。

そしてこの記録を、在来野菜をつなげていく記録として、「Piece Seed Project」と名付け、何度も情報を更新しながらくり返していく活動とすることにした。

僕らはいずれ祖先になる。

もっともっと先の未来の、誰かが、こ

のプロジェクトのほんの一部のかけら、断片、古くなった写真など、小さな小さな「Piece」をみつけて、これはなんだろう？　と疑問に思ってくれたら。その断片を紐といていくと、日本の誇るべき多様性の情報につながる。未来へ、その想いをつなげようと思った。

そして、くり返し、くり返し、この写真展を続けていくこと。コツコツと少しずつ情報を更新すること、ただそれだけの存在。このプロジェクトに終わりはない。いまもなお、生まれている新しい植物があるかもしれないし、途絶えてしまっている植物だってあるから。いまのこの時代に、ただただ、こういうことを発信してきた、という事実だけが、次の世代へつながっていくのだと思っている。

「Piece Seed Project」がみせてくれた世界――台湾編

食文化を守る方法は、その土地によって違う。

先日、「Piece Seed Project」の写真展を台湾で開催した。企画してくれたのは写真家のS・ジェニーさん、台湾で素晴らしい活躍をされている品墨良行の王さん率いるデザインチーム。

短い滞在で、多くを見ることはできなかったのだが、気になったのは、探しても探してもフレンチやイタリアンのレストランがなかったこと。見渡す限り、台湾料理のお店か、屋台ばか

台湾飯①：北方家庭料理の酸菜鍋（スアンツァイクオ）。
筒状に円筒が付いている鍋の中には白菜の漬物がたっぷり。

り。

出逢った人に「日常的にどんなものを食べますか？」と聞くと、驚くことにほぼ全員が、

「台湾飯！」

「毎日でも食べる、食べあきない！」

と答えてくれた。

たとえば、日本で、もし「日常的にどんなものを食べますか？」と聞かれたら全員「和食」と答えるだろうか。現在の日本には、和食も洋食も中華も、食べきれないほどある。

日本のスーパーマーケットには、一般的な野菜に加えて、ズッキーニやエシャロット、アンディーブもあれば、青梗菜、まこもだけ、などもある。そして、タイム、オレガノ、バジル、ローズマリー、

台湾飯②：10種以上ある調味料から自分たちで付け合わせのタレを作る。

などなど世界のハーブも普通にある。ありとあらゆる、世界中の野菜が集まってくる。さらには、加工品、調味料、世界の乾物やパスタなんかも勢ぞろい。もう、これは世界の食材店といっても過言ではない。

これら全部が僕たち日本人の食卓のすべて。生活の中に浸透している選択技のすべて。だから、日本の野菜は埋もれていく。そこまで多様であることは、とても豊かなことだけれど、見方を変えると、スーパーマーケットはお客さまのために、そこまで商品を並べなくちゃいけない。

日本では世界中の野菜や食材が集まって、それを選択する楽しみもあるのだけれど、時間がない。だから、ひと手間かかる伝統的な野菜は、皆がすぐに行ける

台北市内、地元のマーケットの様子。

スーパーマーケットには並ばない。そこに並んでいるのは、規格化され、単一化されてきた野菜ばかりだ。

台湾は？　というと、洋野菜も、海外の野菜も、ない。本当にないのだ。限られた種類の野菜だけが並び、加工品もかなり数少ない。市場にいくと、皆が同じ野菜を売っていて、その時の旬の野菜はずらりと並ぶ（金額もおそらく安い）。

そうすると飲食店ではその旬の野菜ばかりを使ったメニューになる。ということは、その時の旬の野菜のことがよくわかる。いつも台湾飯を食べているから、世界中の野菜や調味料や加工品は、台湾の人には必要ない。だから、市場にもないのだ。

台湾は、あまり料理をしない文化だと聞いていたけど、台湾飯ばかり食べているから、台湾の食文化が連綿とつながっている。
日本と全然違う、食文化の一つ。
日本は、その逆で。料理そのものをする時間、季節の手仕事などは減ってきている。それでもまだ、料理を作る楽しみ、喜び、をもって、食卓をつくる。その文化はまだまだこの先も受け継いでいくことはできるし、その余力は残っているはずだ。

だけど、日本の田舎のおじいちゃんやおばあちゃんたちと、台湾の人たちとの共通点はある。田舎のおじいちゃんやおばあちゃんたちは、イタリア料理やフランス料理は食べない。だから、それを作るときに必要な調味料も食材も必要ない。おばあちゃんたちにとって、食というのは質素な和食。食を選択するという意識すらない。だから、その地域に在来の野菜が残っていたりするわけだ。台湾の食文化と同じ、ということ。

大きいマーケットでも、小さいマーケットでも、同じような野菜が並んでいたのが印象的だった。

　でも、田舎のおばあちゃんたちがコンソメを使ってパスタを作ったり、チーズを使ってグラタンを焼いたりしても、それはそれでなんだか、いい。きっとそれは「和食を常としている」からこそ、ハイカラでかっこよくみえたりするのだろう。

おじいちゃんやおばあちゃんたちは、一年を通じてそれほどたくさんの種類の野菜を食べているわけではないけれど、その奥ゆかしさというか、一途な感じが日本人らしいというか。

そうやって在来野菜が残っている。

第6章
僕の仕事は
野菜の流通、
そのすべてだ
その2

東京に地方の野菜を集める理由
*

地方では飽和状態の野菜たち

バイヤー時代、地方に行くと「野菜が余っていて破棄しなければいけない」という状況を何度も見てきた。それは慣行栽培、有機栽培、自然栽培、どんな栽培方法でも、だ。

慣行栽培の場合、企業やバイヤーの注文通り、量産する目的のため、お隣の畑と同じ野菜を作っていく。豊作で野菜が多くでき過ぎた年なんて、お隣の畑も同じ状況。もう、いくらにもならない。そんな状態で買い取られていく。

一方、有機栽培、自然栽培の野菜は、手間ひまがかかっているとはいえ、販売するところが限られていて、街や村の道の駅や、直売所に並ぶことも多い。そうすると、その価値は理解してもらえず、慣行栽培と同じか、もしくは日持ちしない、カタチが不揃い、などの理由で、評価されるべき価値以下の金額での販売となってしまう。結局、手間ひまかけても、買ってもらいたい値段には到底届かないのだ。

在来野菜の場合は特に、その労力や未来への想いを評価された上で、野菜が販売されることが一番の理想だ。でも、それができるのは、いまでもやはり、東京なのだ。

だから、その地域の在来野菜が地元ではなかなか買ってもらえない、もしくは販売されていない、という現象は、まったくめずらしいことではない。

なぜ、東京に地方の野菜を持ってくるのか――東京と地方の循環

「大勢の人に行き渡らないのに、なぜ、東京に地方の野菜を持ってくるんですか？」

これはよく聞かれる質問だ。流通から考える「種を守る具体的な方法論」として、僕は常に三つのことを意識している。東京に野菜を持ってくるのは、そうした意識の中の一つ、なのだ。

在来野菜の流通はなかなか安定的な供給はできない。その部分だけを見てしまうと、地方の野菜を東京に集めることは無意味に等しい。

だけど、次の三つの意識を共有できたら、最初の質問への答えも何となく理解してもらえるのかな、と思っている。

それは、

1　美味しい野菜が集まってるよ、と東京から全国をめがけて発信していくこと
2　美味しい野菜がここにあるよ、と、各都道府県から発信していくこと
3　1、2のそれぞれの情報が双方で理解され循環し続けること

ここで言う「発信」という言葉は、大きな影響力のあることや場のことをさしているのではなく、「食べて支える」というようなささやかな消費活動のことも、発信のひとつ。
1、2のどちらに自分の役割があるか、そして3をどう目指していけるのか、と意識するだけで、いまの役割がもっと明確になって、それは意識の循環を生み出す。
三つのイメージについて、少し具体的に説明してみよう。

1：美味しい野菜が集まってるよ、と、東京から全国をめがけて発信していくこと

江戸時代、地方の大名たちは一年ごとに江戸に住まうことになっていた。大名たちは、ふるさとの味を求めるがゆえ、自分の屋敷の庭に、ふるさとの野菜の種を蒔いていた、と言われている。その野菜が江戸の風土の中で育まれていった。それが江戸東京野菜のいくつかにあたる。

東京には何かが「集まってくる」そんな、土地の持つエネルギーがある。そして、在来野菜のことに興味を持ち、自ら行動を起こしたい！　と思っているさまざまな立場の人がいる。農家

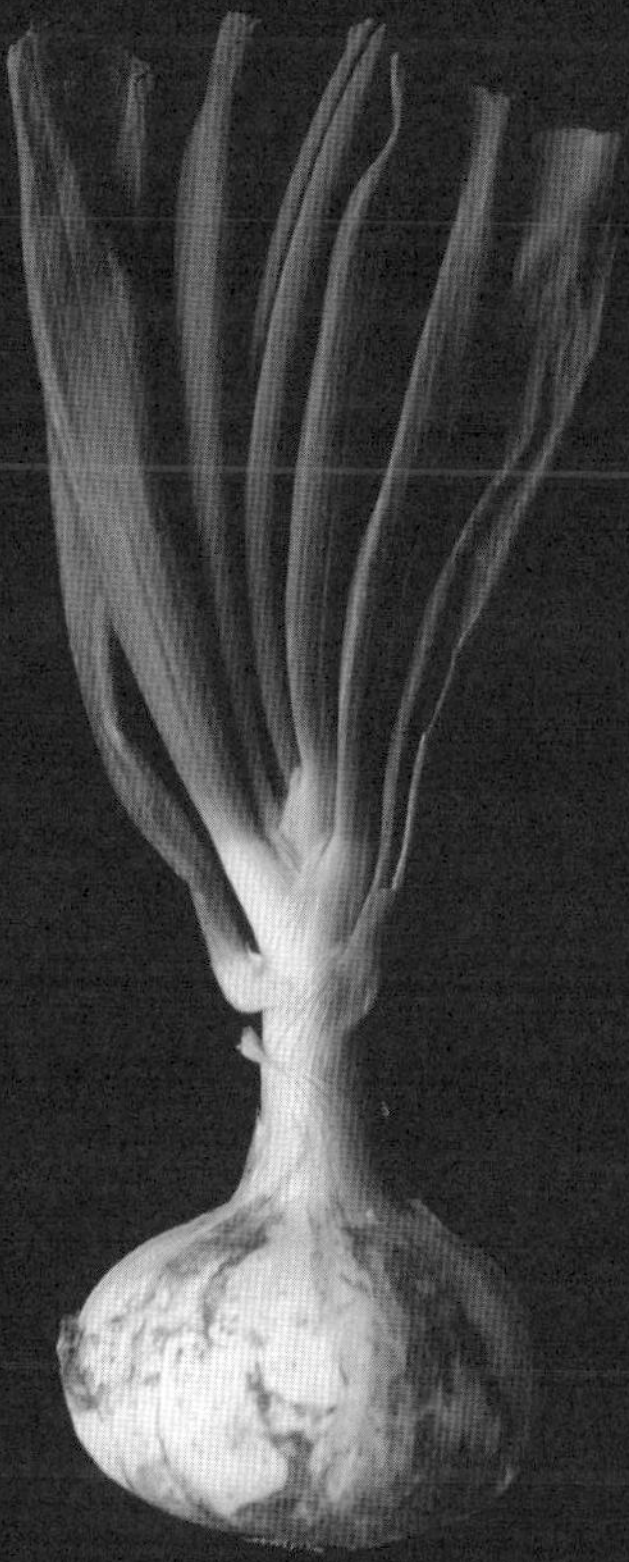

愛知白早生たまねぎ（愛知県）

白く透き通るような美しい球体。
たまねぎ特有の辛みが少なく、
お水にさらさずにそのまま生でいただける。

さんはもちろんだけど、消費者や、活動団体、飲食店、そして、その野菜を食している人たちだ。

東京に住んでいるほとんどの人が、自給率はほぼ〇パーセント。僕もあなたも、だれもかれも。土にさわらず、野菜を食す。日常的にいただく野菜はまったく作れていない。ただ、土に触れていないという危機感は持っていて、せめて食べて応援しよう、食べてその文化を知っていこう、そう感じている人もたくさんいる。

「先祖から受け継いできた野菜を食べるよ！」と。


それは地産地消ができない東京であるからこその「選択」なのだ。そして、その行動への影響力は大きいし、もちろん責任もある。また、いろんなメディアを通して、その「選択する意識」の裾野を広げられるのも、ここ東京の役割。

東京では「これは何だろう」と思ったら、すぐに同じ想いの誰かと出逢えて、どこかのイベントに出かければ、知りたい情報を得ることができるし、同じ価値観の人と出逢うことができる。すぐにその野菜や、畑の様子を目の当たりにすることはできないかもしれないけど、でも、まず、知ることから始めることができるのは東京ならでは。

人が多い東京のメリットは多様性。そこには、在来野菜の「美味しさ」を求めている人たちがたくさんいて、もしそのことを知らなかったとしても、多様な文化が流入し、それらを受け入れているので、僕が話をするとすぐに理解してくれる。そして、自分も少しでも役に立ちたい、とすぐに行動してくれる方も多い。一人ひとりの多様な感覚が集まりやすく、大小つらなる、それが「発信」となり、裾野が広がる。

それが、地方から野菜を東京に集めている理由だ。

2：美味しい野菜がここにあるよ、と、各都道府県から発信していくこと

本来は地方で消費され、守られていく「地産地消」がもちろんベスト。全体的な視点で見ることができる東京に比べて、地方では「集中的に小さな視点」で発信することができる。だから、地方から生まれた小さなジャブは、何かをきっかけにして、後からじわじわと効いてくる。

地方では、各地方自治体や団体が独自の認証制度を作って運営し、その野菜たちをブランド化している。そのことによって、農家さんと野菜が守られて、さらに、地域の活性化につなげたりもしている。

また、在来野菜を栽培している人、そのまわりで活動をしている人が、双方で「もっとどうしたら良いのか」と、一緒に考え、形にしようとしている人もたくさんいる。

街によっては昔ながらの小さな市が立っているところもあるし、新しく展開されているオーガニック・マーケットなどもある。新しいオーガニック・マーケットなどは、その形態からいっても、もう発信そのもの。そこに集う農家さんがいて、そこに賛同する消費者がいる、も

うそれだけで「発信」なのだ。

こういったことを介して、この地域の野菜が大切で、自分たちがこの野菜たちと、どうしていきたいのか、ということを街や地域ぐるみで発信する、こんな活動している人々が全国にはたくさんいる。

おじいちゃんやおばあちゃんたちもすぐ側にいるから、その野菜の存在を、その環境の中でリアルに伝えていく語り部になっていく。

3：1、2のそれぞれの情報が双方で理解され循環し続けること

実は、ここがすごく重要だと思っている。

地方が発信していることを東京がシェアする、東京が発信していることを地方でもシェアする。それを行ったり来たり、何度もくり返していくだけで、そのパイプが太くなり、どこかで状況が変わったりすることもある。

その可能性は無限だ。

その循環の中で、もしかしたらその土地のその野菜にとっての、キーになるような出来事が起こって、ぐっと、その野菜の認知度が底上げされるかもしれない。そんな例をいくつか見てきたから、その双方の発信というのは、日本の種を守るためには、必要不可欠なのだ。

具体的に言うと、それはメディアにいる人、料理に携わる人、僕のような東京の八百屋が、東京で培ったその意識のまま、地方とアクションを取るということ。

僕の場合だと、農家さんたちの日々の仕事から、地方がどう動いているのかというところを垣間見ることができる。

その状況を東京でシェアすることによって、買ってくれるところを探したりもできる。

ここ数年、東京から地方へ移住をする人たちが増えた。文化的なわくわく感は、東京だけではなく、地方へも広がってきている。ということは、情報の行き来に広がりができている、ということだ。

こういった行き来を通して、新しい文化や知識の可能性を探っていくこと、循環していくことはとても重要だと思っている。

僕の役割は、「1」

僕はいま、東京に住んでいる。

だからいまできることの一つとして「東京に地方の野菜を持ってくる」ことをやっているわけで、東京という都市に住む人たちの意識に、この種のことについてその問いを投げかけているところだ。

これまでも、種のこと、在来野菜のことについて、想いをもっている人はたくさんいた。だけど、その声は、なかなか若い世代のところには情報として届いていかなかった。というのは、世間的に、種や野菜について考えようとすることが「運動や活動」と見受けられていた時代が続いていて、なかなか表立ったところで、伝わるようなことではなかったからだ。

けれども、3・11東日本大震災をきっかけにして、何かがちょっとずつ変わってきた。まず種を守る「運動や活動」が行われてきたところに、

「自分が知りたいと思う情報がある」

と認知されるようになった。そして、これまではある一定の場でしか、種の話ができなかったけれど、どんどんオープンになってきて、メディアも興味を持つようになって、情報が広がるようになり、またSNSなどを通して、皆が考えていることや思っていることの声がぐんと聞こえるようになってきた。

そうした変化によって、これまで興味を持たなかった人たちも少しずつ興味を示してくれるようになってきた。

「ん？　種のことって何？　何が問題で、何が大切なんだっけ？」

と。だから僕としては、これまでの人たちと、これからの人たちと、手をつなぎはじめた時を過ごしている。東京に住んでいる人たちの意識が変わろうとしているような状況を、体感しているし、変わる気配を感じている。

その手をつなぎはじめた人たちは、表面的な暮らしの見直しをこえて、もう一度、原点に戻ろうと、精神的にも物質的にも再出発しようとしている。

だから、こうしていまも続けているわけだ。

東京で評価された農家さんたちは、モチベーションがあがる。地元でもっと野菜を作りたくなるし、活動もしやすくなったりする。

だから、東京に在来野菜を集めている。

＊　再生プロジェクトを成功させる方法

農家さんたちをがっかり三昧にしたくないから、僕が言う

農業の「六次産業化（地域ビジネスの展開と新たな業態の創出）」については、成功を収めるケースももちろんあるが、長く続かないことの方が多く見受けられるというのが現状だ。

地域ビジネスとして、在来野菜をブランド化し、地元の農家さん、農産加工組合、青年農業者、県の職員たちがプロジェクトチームを作る。そこでは、野菜の販路を拡大すること、PR活動、商品化やレシピの開発などを行い、その一環で「加工品を作り、販売する」というビジネス展開をすることがある。

うまくいろんなタイミングがあえば国や地方自治体からの支援があるケースもある。加工場を作り、その稼働率も良く、最初は売れるかもしれない。しかし、

「消費者がその加工品を求めているか？」

というところをきちんと問いきれないと、加工品を作って売るということが正しいことかどうかは、わからない。

在来野菜だからといって、ブランド化したからといって、加工品を作ったからといって、それが「売れる」という確証はない。さんざん言っているけれど、その加工品を販売するのは、在来野菜が評価されづらい道の駅や直売所、そして一般的なスーパーマーケットだ。あれだけの品揃えの中、見つけてもらうのも一苦労。そのことをどこまでイメージし、考えきれるか。

もちろん、地域のために、という想いがあるのはわかる。しかし、そのために犠牲になるのは農家さんたちだ。人知れず畑に残っている野菜にがっかりしていたら、それが加工品になることになって、その時は、畑からごっそり野菜がなくなった。だけど、その加工品が売れなければ、結局、農家さんのところにその加工品が戻ってきて再びがっかりする。そして、加工品

用に栽培した野菜だけが畑に残って、三度がっかりすることになる。

加工品を作り、その販売が失敗すると、こんなにもがっかりが続いていく。加工品のリスクは農家さんが背負うことが多いのだ。

再生プロジェクトを成功させる方法

じゃあ、再生プロジェクトをどう成功へ導くのか？　その方法は？

僕の答えはいたってシンプル。

変に勝負をしない。

以前の章で伝えた「在来野菜のタイプ」の分類でいくと、いま目の前にある野菜はどのタイプなのか意識する。そして、その規模感をイメージする。

気をつけなくてはいけないのは、属したタイプの規模感を飛び越えて維持することを考えると必ずどこかにしわ寄せがくる。規模というのは、単純に言うと、その野菜を買ってくれる消費者が一年間に何人いたらよいのか？　ということ。

そうして考えていくと、実はそれほど多くの数の消費者を必要としないでも大丈夫な場合がある。Cタイプでいうと、一〇〇～二〇〇人ほどで十分だったりするものだ。数が多い・少ない、ということ以上に、本当にこの野菜のことを理解してくれる人、と考えると、どうしたってそのくらいの人数になる。

そしてその最小限の人数で、この在来野菜を守っていくことにしたら、そこには加工品が必要だろうか？

僕の見解として、加工品は二の次だ。まず最低限のコミュニティ、集団を作って、そこにたとえばレストランや、学校給食をつなげていけたら、と考えていく。そうすると、どのように維持していけるかがイメージできる。誰がどこまで動けば良いのか、その規模を理解して、それが明確な数字の落としどころとしてもつかめたら、より具体的なメッセージとして伝わっていく。そして、皆が一気に動き出す。もちろん消費者も含めて。

木引かぶの生産者、西康二さんのお話

長崎県平戸市の伝統野菜「木引かぶ」。

牛の角のようにまがっている、と比喩されることが多く、だけどその味は上品で、くせがなく、甘酢漬けなどにするととんでもなく美味しい。

この木引かぶの歴史は古く、室町時代から栽培されていた。ただ、一般のかぶと比べ、その形が特殊であること、ボリュームにかけること、また、近年の一般的なかぶの流通がさかんになったことから、現在、この木引かぶを栽培しているのは、西康二さん親子だけとなってし

まっている。

これまでに何度かお会いしてお話しさせていただいている中で、木引かぶの再生プロジェクトのこと、それから種を採ることの大変さについて、話をうかがうことができた（二〇一六年三月）。

――二〇一四年一二月に初めてお会いしたとき、六次化の認定がおりて期待をされていました。その後、いかがですか？

私たちに種を託された、多々良先生は、三年前に亡くなられました。お悔やみにいって、そのときは、すでに漬物あたりの加工品ができていたんです。それを持っていって、多々良先生の葬儀に参加し、お供えをして、お礼をいってきました。

そうしたら、奥さんがおられて、「これは棺にいれて持たせます」っていって。だから、ああ、あのときは良い報告ができたなって、思っていたんですよ。

だけど、そのあとはなかなか続かな

ただ一軒だけ木引かぶを
栽培している、西康二さん

かったですね。

食べた人はけっこう美味しいおいしいと言ってくださるんですよ。だけど、この木引かぶのすがた、かたちのまんま、袋に入れると、売れんですよ。自分の家でカットしなければいけないでしょう。

だから、カットしたら売れる、っていうんですよ。

私たちはこのかたちのまま売りたいんだけれども、そうなると売れない。何しろ、この木引かぶの特徴にある紫色が残らんですよね。それでたいてい苦労しよるんです。

これを一大産業にするよりも、地域の守る「宝」というかたちで、ある程度売れていくくらいでいいんでしょうね。

平戸市の生産者がもう一度生産することにつながるような、売れ方をしてくれれば、他の人にも、量が増えたときに、木引かぶの栽培を頼めるんですよ。いまの状態では、周りの農家さんに作れとは言えんですもんね。

――実際に、木引かぶの種を見せてもらいました

これが、先ほど見てもらった木引かぶの種です。毎年、年代ごとに、このペットボトルに記入して保管しています。

これは平成二三年の種です。これは平成二二年の種。今年も種を採りますが、そのの木引かぶのかたちが、違って駄目だったら、もう一度、種を蒔いて、そして来年の種をとるための株を作ります。一番の問題は、交雑して本当の木引かぶができなかったときです。

いま、冷蔵庫でちゃんと保管しておりますので、発芽するのは発芽するけど、木引かぶのかたちが、はたして本当に毎年できているかという保証はないので、だから、同じ木引かぶの形を残すために、種は毎年、一〇本位から採っています。

――最初、種を受け継いだ時はどうでしたか

多々良先生は、種を保存するために、種採りをしていたと聞いています。

最初は、木引かぶの種を少し、紙袋に入れて分けてもらいました。量はペットボトルのキャップくらいです。それでスタートして、毎年だんだんと種を残すようにして。だから、種が少ないのは、その年はうまくいかなくて、種を蒔いているんですよ。発芽が悪いときに、蒔き直しているので、少ないんです。

多いのは次の年にうまくできたとき、使わないで残している。冷蔵庫で保管しているので、ほとんど生《は》えると思います。

秋の時期に種を蒔きます。

花は三月の終わりから四月頃に咲いて、茶色になって、種がはじけるなっていうくらいになったら、木引かぶをサヤごと取り込んで干して、種をとる。
五月くらいまで干して、あとは種をとって保存。
ビニールシートを引いて、サヤを叩いて、再度、フルイにかけて種を採ります。

――選抜するのも大変ですね

はい、毎年何本も引いて、このかたちだろう、というものを残して、選ばれたのが、この種です。もし、みつばちが入ってきて、ほかのアブラナ科のものと交雑するとだめになるので、それが一番心配です。実際に種を蒔いてみないと分からない、というのがあるんですね。種をとるまではできても、その結果は、蒔いてみてからになります。

多々良先生に、何度も畑に来ていただいて、このかたちが、木引かぶだから、このかたちを残して欲しいと言われましたので、ほんとにつきつめて、昔つくっていた木引かぶと違っているかもしれませんが、私たちがみて、色、かたちがよいものを残しています。

実は、一番最初、失敗したんです。
当時、私たちの誰も、種が交雑するなんて知らなくて。その年は、バケツ一杯くらいの種が採れたんです。

次の年に、その種を意気揚々と蒔いたら、すべてが違うものになっていて。

それで、アブラナ科は交雑しやすいというのを、多々良先生からきいて、もう一度だけお願いします。といって、もらったのが、キャップいっぱいぐらいの種だったんです。

本当に残り少ないくらい、これを失敗したら、おしまいですというくらいの量をいただいて。

もう失敗できない、という気持ちでした。

以前は、いろいろな人が木引かぶをつくっていたのですが、だんだん、減っていって、その多々良先生も高齢になられて、もう種を採りきれんので、先生は一度、普及センターにお願いできないか、ということで行かれたのですが、最後は、私のところにいらっしゃったんです。

種を採るということは大変です。でも何とかこの地域でしか栽培できないわけですから、この美しい色、かたち、そして美味しさを伝えていけたらよいなと思っています。

百貨店で＊在来野菜の販売がスタートした

独立当初から目標としていたスーパーマーケットでの販売

warmerwarmerをスタートした時、在来野菜がスーパーの「棚に並ぶ」ということは、僕の一つの目標だった。それは「食卓の一皿を古来種野菜に」ということにつながっている。在来野菜がいまの流通に乗らないということはわかっている。数多くのスーパーマーケットでなく、この野菜の美味しさや愉しさ、そして、種を繋いでいくことの大切さを理解してくださる、いくつかのスーパーマーケットとお付き合いしたいと思っていた。

ただ、そのことに取りかかるにはいろんなことへの整理が必要で、もっと先の話だと思っていたけれど、それが、こんなにも早く実現するなんて。

しかも、スーパーマーケットではなかった。

日本を代表する百貨店、伊勢丹新宿本店だ。

伊勢丹新宿本店で在来種野菜を並べる、その希望と覚悟

「在来種の野菜を守る取り組みを考えています。一度、お話しさせてください」

と当時の（株）三越伊勢丹研究所の柴田さん、（株）三越伊勢丹バイヤーの石原さんからご連絡をいただいた。

二〇一六年現在、（株）三越伊勢丹は「This is Japan」というコンセプトを掲げている。伊勢丹だからこそ、そのコンセプトと「人々の欲求を満たす楽しいお買い物」を、不自然のないようにつなげている。

この、不自然のないように、というところがまたすごい。それぞれの業界（服飾、宝飾、食品、など）のバイヤーたちが、想像を絶するレベルで、多角的な方向からさまざまに掘り下げていくことで、その形が成り立っていく。

そのバイヤー軍団の凄みを知っているからこそ、まだまだ弱小八百屋でもある僕のことを見つけてくださった、その驚きは忘れられない。救われた、とも思ったし、希望が見えた、とも思えた。

希望というのは僕自身のことじゃない。

「在来野菜の未来が子どもたちへつながること」

への希望だ。これまで活動してきた人たち、それから農家さんたちが、伊勢丹新宿本店と一緒に歩んでいけるという、希望。単純に野菜を売り買いするだけじゃない。農家さんにとっては、気持ちの部分でも、後ろ盾になってくれるというか、道を進みやすくしてくれる存在。

「伊勢丹新宿本店で売ってるよ！」

このことで、農家さんたちがどれだけ励みになることか。

僕が店頭で販売応援をしていると、時々、農家さんがこっそり見にきてくれる。自分の野菜がどんな風に売られているのか、どんなお客さまに買われているのか、伊勢丹新宿本店とはどんなところなのか。

そして畑に戻り、脳裏に焼きついたあの華々しいステージのような場所で販売されている自分たちの野菜のことを胸に、また、日常の仕事に戻っていく。

――だから、ちょっと覚悟した。

日本を代表するといっても過言ではない百貨店。ものを買う、だけではない、世界に日本を発信する場でもあり、素晴らしい歴史のあるところ。「伊勢丹だから買う」「伊勢丹にあるから買う」そんなお客さまばかりだ。

在来野菜を販売する上ではこの上ない。

だけど、「もし失敗したら」というリスクは、大きい。

自分勝手な意識だけど、もし、失敗＝在来野菜が売れなかった、ということになれば、僕らだけの失敗ではない。在来野菜、伝統野菜を担う、農家さん、八百屋、種を守る活動をしている団体、など、この業界そのものが「これまでどおりに」あきらめてしまう。

この先、道なき道をめざそうとしている農家さん、食べたいと思ってくれる人たちの、明るい光のようなものを閉ざしてしまう。ちょっと大げさかもしれない。畳半畳ほどの売場なのにと思われるかもしれない。だけど、ここで失敗することは、僕にとっては許されないことだ、そこには大きな責任があった。

敏腕バイヤー右原さんの理解が扉をあける

僕にとって理想の取引とはなんだろう、と悶々と考えた。

簡単に売り買いすることだけを考えたら、すでに売買システムはあるわけだから、すぐにでも販売は始められたのだけど、スタートしたら確実に未来へ続いていくんだと、信じきること。迷ってはいけないこと。そんなことを考えていたら、やっぱり僕の肌感覚でしか、野菜を並べられない、と思った。

多くても少なくても、この野菜の何かをコントロールしようとしたら、どこかに必ずしわ寄せがくることは目に見えている。だから取引が始まる前に、バイヤーの右原さんにはいろんなことを伝えた。

「日本には、こんな農家さんがいて、こんな野菜があって、その多様性は世界に誇れる。そして、その野菜を僕は必死に集めます。だけどこの野菜たちは、収量が少ない、色も形も揃わない、個体差も大きい、生産者は少ないし後継者もいない、そんな流通に乗りにくい野菜たちです。だから、数をつけた受注は受けられません。いまある野菜のタイミングに合わせた納品になります。そして、最初の販売日は九月一一日です。でも、この時期は端境期でほとんど野菜がありません」

ありとあらゆる在来野菜のデメリットを、がっかりするくらい並べた。

たとえばここで、残念な声がもれたりしてきたら、いまじゃない、ということだ。そんな覚悟もあった。

でも、右原さんの答えは、

「在来野菜の販売を、伊勢丹がやらなければどこがやるのでしょうか。これは伊勢丹のやるべきことなのです。長い時間をかけて、伊勢丹として取り組んでいきたい。よろしくお願いします」

と。右原さんはじめ伊勢丹の方々は、在来野菜を巡るさまざまな背景と現状を理解してくださり、長い時間をかけて少しずつ発信していく、というスタンスをとってくださった。

こうして伊勢丹との取引が始まった。これは奇跡のような出来事だと、いまでも思っている。

誰も知らないオープニングセレモニー

販売初日は二〇一三年九月一一日。

完全なる、端境期。かなり野菜がない状況だ。

でも、寂しい売場にはしたくない。

ここは走り回って探すしかない。

ありとあらゆる人に声をかけていった。


そして九月一一日～二四日まで、ささやかで誰も知らない僕だけのオープニングセレモニーを開催した。

オープンしてから閉店まで、どんなお客さまがいらして、どんな時間帯にどれだけの反応があって、購入にいたるのか、一人でも多くの声や気持ちを直接、知りたかった。

在来野菜は、その物語や食べ方を説明することが重要。だから、この二週間は毎日店頭に立つことにした。

初日は、野菜と一緒に、農家さんからいただいた、ごぼう、オクラなどの乾燥したサヤをもりもりと飾り、大きいと二メートル近くある、固く布を絞りきったような、枯れた太い木のような人参のさやを立てかけた。

「このさやの中には未来の子どもたちがたくさんいます」

と、お客さまへずっと語りかけた。

通りすがりのお客さまに「あなた面白いわね」と言われ、子どもたちは僕の周りをわさわさし始める。一度素通りするんだけど、また戻ってきて、種やサヤをじっくり観察してくれたり、「普段食べてるごぼうがこんな風になるなんて！」と目を丸くする親子もいた。

結局、売場では「それを飾るのはまた次回にしましょう～」とにっこり撤収された。

けれども、僕はし・つ・こ・い。空いているスペースに今度は小さな種の入った瓶を並べた。お客さまと話し込んだり、いろいろと勝手をやって、伊勢丹新宿本店としては異色な感じだったと思うけれど、こうやって、百貨店での在来野菜の販売を無事にスタートすることができた。

ＬＯＶＥ ＳＥＥＤ！のシールが光る野菜たちが、伊勢丹新宿本店に並んでいる。ＳＮＳ経由でこのことを知ってくれた人がたくさん来てくれて、嬉しくて涙が出てきた。

もちろん最初から売れたわけではない。地道にコツコツと続けて三年、いまは顧客と呼べる人たちもいる。

伊勢丹新宿本店での販売初日の様子（2013年9月時点の青果売場）。

東京のここにしかない、野菜のセレクトショップ

在来野菜は、ある時にはあるし、ない時にはない。そろそろこの野菜がくるなぁと思っていても、おっと、こっちがきたか、とか。豊作の予定だったものが一瞬にして納品できなくなることもある。

相変わらず不安定で、小さな流通だ。だけど、絶対に、やめない。何と言われようが、ここで販売する。そんな意志を持っていないと、周りにある他のたくさんの野菜たちに押しつぶされそうになるけど、必要以上に、そのことを感じたくはない。

だから、伊勢丹新宿本店の売場では、旬が明確に見える面白い野菜を提案している。

「東京のここの売場にしかない、野菜のセレクトショップ」をコンセプトにしている。

たとえば、夏には、同じきゅうりでも、どちらかというと、「うり」を紹介している。しま柄をしていて漬物に向いているものや、黄色いメロンに近いものなど。うりにもいろいろあるわけで。冬は色とりどりの大根やかぶを何種類も並べる。

その違いは明らかだから、会話もはずむし、ここで買う意味も出てくる。

価格を求めるお客さまは、スーパーマーケットのセルフ販売が一般的だけど、百貨店は違う。

セルフ販売ではなくて、コミュニケーション販売なんだ。

週に二回×三年間――店頭に立ち続けるわけ

いまでも週に二回、スタッフと僕とで、伊勢丹新宿本店に立っている。僕がセレクトした在来野菜コーナーの販売をしているのだ。

そこに立つ理由は、三年前と変わっていない。

この在来野菜たちは棚に並べているだけではやっぱり売れないのだ。興味を持ってくださったお客さまには試食をしてもらい、その野菜の歴史、農家さんの想い、そして何よりその美味しさを伝える。食べ方なども含めて。そうすると、お客さまは、わかってくださることが多い。「本当においしいわね、とても懐かしいわ。祖母が喜びそうだから、一ついただくわ」と。ここ最近では固定のお客さまも少しずつ増えて、「去年のあれはまだ?」という会話なんかもできるようになってきた。

たったの一家族の食卓に在来野菜の一皿を並べてほしい、そんな家族の食卓を少しずつ増やしていきたい。本当に地道なことだ。

そしてもうひとつ。

この売り場に立ちながら、この野菜のまわりにある「食の動」を見渡す。世間一般にはどんな野菜が求められているのか、人々の関心ごとやその動向を捉え、「この在来野菜たちが、伊勢丹新宿本店の売り場からなくならないようにするためには」ここを徹底的に模索する。

消費者は浮気者だ。同じことを同じようにくり返しているだけでは、飽きられてしまうこともわかっている。だから半畳ほどのスペースとはいえ、そこで紹介する野菜たちのことは、考え抜いて販売しなくてはいけないのだ。今、なにが求められているのか。なにが必要とされているのか。

伊勢丹新宿本店の在来野菜コーナーがとにかく長く続くこと。これは絶対的な僕の役割だからだ。

ここで在来野菜の販売をするときには、伊勢丹新宿本店の販売員として身なりを整える。白い帽子をかぶって、白いシャツを着て、ネクタイを締めて黒いズボンをはき、エプロンをする。時々、知り合いに合うと、妙に馴染みすぎていて、ぎょっと驚かれることもある。

僕が warmerwarmer という八百屋だ、ということには触れず、あえて伊勢丹新宿本店の青果スタッフの一人のようなつもりで販売している。その方が野菜の価値が上がるからだ。

そして現在、伊勢丹新宿本店からご紹介いただいて、日本橋三越本店、銀座三越店、へも在来野菜を納品している。

こちらはさらに厳選して少量ずつの納品だ。どんなに売れたとしても、今は供給をあげない。まだ、継続のみ。そこ、だけ。

＊　伊勢丹新宿本店との取り組みのいくつか

1：毎回惨敗――量り売り！

伊勢丹新宿本店の取り組みのひとつ、

「在来野菜のお買い物は量り売りでどうぞ！」

と、いつもとひと味違うお買い物を提案する機会を、一年に二度ほどつくっていただいている。

ここで、先に少しだけご紹介したBIZERBA社の計量器の出番。やっとやっと、お披露目できる瞬間だ。ただ、計量法の関係で実際のお買い物は、きちんとした計りで計量してお買い上げいただく。

ただ、このBIZERBA社の計量器というのは、ヨーロッパのマーケットで一般的に使われているものだから、間近でみてもらって、ヨーロッパのお買い物風景や、どんな風に触るのかな？　もし、こんなお買い物の仕方が日本でもできたら!!　とか、想いを馳せるだけでも、なんだかちょっと新鮮な気分になる、はず。お買い物革命の序章、となるかもしれない！　とか、自分ばかりは楽しかったのだけど……。

結果は、空しくも惨敗。いつも通り、袋にパッケージされた野菜が先に売れていくし、試食だけが減っていく。売れたとか、売れなかったとか、そういうことではなくて、やっぱり興味を持ってくれる人が少ない、という空虚感。

だけど、僕はし・つ・こ・い。

これから何十年と、

量り売りのことを言い続けると思うし、チャレンジすると思う。この量り売りという習慣が、人の心に残るひとつの文化として日本にもあったんだ、ということを、知ってほしい。そして量り売りの楽しさ、というのは、この在来野菜の特徴を生かしている、というだけでなく、コミュニケーション方法のひとつでもある。

このたのしい一手間のアクション、それは、自分の心をあたためるアクション、ということを、在来野菜と一緒に、これからも提案したい。

いつか、いつか、と思っている。

2：これまた惨敗――伊勢丹新宿本店でのギフトカタログ！

伊勢丹新宿本店の、お中元やお歳暮のカタログは、そこに掲載されること自体が難しいともいわれるほど、激戦区。ある程度の信頼関係や、お互いの条件や掲載する商品の状況が合わなければ、実現が難しいのも事実。

そんな、僕らが手が届かないようなギフトカタログに、在来野菜の野菜セットを掲載してもらえるのだ。どんなことをしても売りたい！　と思うのだけど、こればかりは冊子という媒体、もしくはネット注文だから、農家さんや僕の声がなかなかリアルに届かない。胸が痛い。

惨敗することがわかっているけど、きっと、あまりお役には立てないと、事前にお伝えするのだけど、これは取り組みだから、と、カタログに掲載してくださる。

ここに関しても、いつか、いつか、と思っている。

3：伊勢丹新宿本店が発行している冊子、『FOODIE（フーディ）』への誌面協力

伊勢丹新宿本店の食品フロアで配布されているカタログ『FOODIE（フーディー）』。

この冊子は、定期的に伊勢丹新宿本店がおすすめする季節の食べ物や、行事ごと、台所の道具類などを定期的に紹介する食の情報誌。伊勢丹新宿本店で販売されている、もの、こと、を中心に構成されているので、これはもうなんというか、読み応えも十分。

そして、この中でも在来野菜のことを、もう幾度もとりあげてくださっている。その季節にオススメしたい野菜、農家さん、そしてレシピを、季節の行事などとからめたりしながら、丁寧に紹介してくださる。

そのコーディネートを、僕は担当している。それはもう、力が入るよね。いろんな人にみてもらえたり、知ってもらえるチャンスだから。惜しみなくいろんなことを伝えて、その時に一番ベストな内容で掲載してもらう。この冊子をみて、野菜を探しにきてくださる方も、もちろんいる。

その他にも、農に関するイベントに関わらせてもらったりしているけど、もちろん、その時

のベストを尽くすし、最善の方法で進めるけど、どんなことを企画しても、伊勢丹新宿本店へ恩返しができるような納得のいく結果を出せたことは、正直、いままで一度もない。

ただただ、惨敗をくり返して、ほんと、つくづく難しいと感じているけど、いつか、いつかと思っているわけで。

同じ想いで、継続的に。

本当のことを、理解してくださっているからこそ、

多くの人につないでいく時間を積み重ねてくださっているのだなと思うと、

本当に嬉しく、ありがたく、ただただ、感謝しかありません。

第7章
未来への種をまく

＊　子どもたちに伝えたいこと

四季に寄り添うような食卓の在り方を実践したい、母心

甘く美味しく改良される果物とは違い、野菜の場合は、そのほとんどが「機能」を求められている。美味しさや栄養価は二の次だから、いまの野菜はスライスにすると味がほとんどわからない。

「味覚の多様性」については、以前の章でも話したとおりだが、いまの小さな子どもたちの食べる野菜は、ほぼF1種の野菜だ。その野菜を食べるデメリットをダイレクトに受けているのは、子どもたちの「味覚」。少し前の大人たちとは完全に違った味覚になっていく。

時代背景や世代の違いによる味覚の違いはあるとしても「野菜が改良されたことによる味覚の違い」というのは人の「味覚」という「感覚の退化」でもある。だから、八百屋として悲しい気持ちになるし、同時に危機感を覚えるのだ。

　そして子育て世代のお母さんたちは「食育」が子どもの成長に必要だということはもちろん感じている。自分たちが経験してきたこと、もしくはそれ以上の体験や学びを子どもたちにさせてあげたいはず。でも「何をどこから伝えていいのか」が、ぼんやりしていて、わからない。もちろん、インターネットで調べれば、ありとあらゆる食事情が情報としては存在するし、「食育」というワードそのものは、ちまたに溢れている。

　しかし、そうではなくて、もっと、根本的な、自然に寄り添うような食の在り方、食卓の在り方を模索して、実践しながら、伝えたいと感じているはず。それはどこに行ったら教えてもらえるのだろう。

家族にとって私にとって、どんなごはんがあたたかい？

　たとえば旬の野菜をキャッチしづらいところで買い物を続けていれば、子どもに野菜の「旬」を伝えるチャンスは少なくなる。野菜販売がセルフ販売であれば、子どもに野菜の「おもしろさ」を伝えるチャンスは少なくなる。スーパーマーケットで野菜を買って、食べ方はネットで調べると「味覚と向き合う」チャンスが少なくなる。

　それはいまの流通の寂しさであってどこかひんやりしている。ようは、いまの流通が「食育をする場」まで破壊しているということ。

八百屋さんでオススメされた野菜を買って、台所でおばあちゃんに教わる料理と、食べてその違いがわかるのは、子どもたちの感性。子どもは素直だから、おばあちゃんの近くにいたら、その手のなす仕事をみて触りたくなって、うまくいかなくて怒鳴られたりして、でも、ちょっとつまみ食いしたら、感動するほど美味しくて、そして、また手伝いしてみたくなったり、するもので。

流通の寂しさ、冷たさ、ひんやりした感じ。これはもうすでに食卓に広がっている。だから在来野菜にこだわるわけではなくて、家庭菜園でも、皿洗いでも、何でもいい。

「家族にとって私にとって、どんなごはんがあたたかいか」

家族の中の食育というのは、それだけで十分だと思う。それはけっして、みんなが同じではなくて、たんたんとしたものだし、家族の中に脈々と続いていること。だから、一見見栄えのよいものや楽しそうなものとも限らず、でも美味しさやあたたかさは子どもを想えばこそ。

そのなかの選択のひとつとして、この在来野菜があればよいと思っている。

家族の美味しいは、それぞれの家族ごとに違っていて、それでいて近くに住む友だちや家族と、その美味しさ、その愛おしさを交換していければ、こんなにも豊かなことはないんじゃないかな。

「古来」という、むかしむかし、は、子どもたちには新しい

だから、お母さんたちには、在来野菜の存在を知ってほしい。

その上で、いろんな野菜の中から、いろんな状況から、家族のために選択して、そしてその選択を愉しんでほしい！　そこには現代のよさもあるだろうし、古来のよさもある。そしてその古来という、むかしむかし、は、子どもたちには新しいはずで、僕らの感覚とは違う。どんな風にうつっていくのだろう。

それをみるのもとても楽しみだ。


僕がこの活動を続けていくことで、在来野菜が普及するなんてことは、これっぽっちも思っていない。

あくまで次世代への橋渡しをしている感覚だ。いまの子どもたちに、いまのことをひとつでも多く伝えていくことで、彼ら独自の感覚の中で、自由に、幸せになって欲しいと在来野菜を通して願っているというか。

そして、ひそかに期待だってしている。

僕ではとうてい成し遂げられない、

「在来野菜を食せる仕組みづくり」を、きっといまの子どもたちは、もっとスマートにできるんじゃないかって思っている。だから、そこに行き着くまでに、在来野菜を途絶えさせるわけにはいかないし、期待しているその子どもたちのお父さんやお母さんたちに、このことを伝えなければ、と、思っています。

*

食のはぐくみかた

――在来野菜の味覚

台所に広がる植物っぽい野菜の香り。それを調理する人の手の、味。塩加減、ふわっとするのか、きゅっとするのか。一つとして同じものはない。人それぞれのいい塩梅、それが、料理。

きゅうり

美味しさの一つは、みずみずしさ。その水分にも味があり、苦味や旨味の違いによって、甘酢漬けにあうのか、しょっぱい塩漬けやしょうゆ漬けにあうのか。

板ずりが必要なのは、黒イボのぶつぶつがあるもの、苦味があるもの。在来のきゅうりの中には、ひょろっと細長くて、とても苦いきゅうりがある。そのきゅうりを板ずりすると、劇的に味が変わる。

さらに、味噌と合わせると「もろきゅー」の意味がわかる。味噌の塩分で苦味がまろやかになり、きゅうりからでてくる水分と一緒にいただくことの、うまいこと、うまいこと。そのぐんと変化する味にはびっくりする。

だからやっぱり刃を入れるよりも、叩いて割ったきゅうりの方が味の馴染みがよい。

そして昔きゅうりのように直径が一〇センチくらいあるものは、もはや、うり。種をとり火をいれて煮ると冬瓜のようにおいしい。これは昔きゅうりだからこそ。

人参の葉

その葉の成長段階によって調理の仕方が少しずつ違う。手でちぎった時の、手の感覚で判断する。簡単に軽くちぎることができれば、若く甘みもある。茹でる、あえる、炒める、など、いろいろと調理の幅は広い。

ただ、力をかけてやっとちぎれる場合は、熱の高い調理法がよい。ちぎれなかった時には、ほぼ食べられない。

小松菜

本当の小松菜は、茎の部分が細くて、袋詰めをすると見事にぽきぽきと折れてしまう。一センチほどの小さな葉もその細い茎から断続的に出てくるから、輸送と見栄えの問題で、いまの小松菜は青梗菜と掛け合わせがなされている。

本当の小松菜の味というのは、青々とした香りで、だけどその苦味が繊細に伝わる。その味の流れがおもしろい。それは、ただ茹でただけなのに、箸がとまらない美味しさ。

身近な野菜で、野菜との寄り添い方や、そこにしかない美味しさを伝えてみたけれど、ほとんどの在来野菜はそれを口にすることで、細やかに感じられる「味覚」が、自分のなかに宿ってくる。

こんな味覚を感じることができたら、毎日の食事が豊かになる。心が落ち着いて、「食べる」ということに意識が向いて、箸を据えて食卓に向かいたくなる。

いただきます、ごちそうさま、と、お腹を満たすこと。気持ちを満たすこと。味覚を満たすこと。

野菜を見て、触って、熱を加えて味見をする。シンプルに、ただそれだけ

毎日の同じことのくり返しがこんなにも心を穏やかにしてくれる

僕は料理家ではないから、複雑なことはできない、ということもあるのだけど、焼いて、蒸して、茹でて、塩だけ、とか、醤油とお出汁と、とか。

野菜は一度だって、同じ味をしていない。同じ大根を、同じように調理しても、まだ若い大根の何をしても瑞々しいフレッシュな感じと、立派に成熟した大根の一口の重厚さ。それぞれに全然違うから、その味に毎回新鮮さが残って、ずっとその調理法でも、毎日食べられる。

さらに、日本在来の野菜たちだから、和食にすっと馴染むことの方が多く、和食といっても、出汁のひきかたひとつで、そのバリエーションは一気に広がる。

大根の種類によっては、煮込みすぎると、スープに味がうつりすぎて苦味がでてしまうものもあれば、厚手の鍋で塩と昆布だけでかために茹でて、半日ほど寝かすとすっかり違う味になったりもする。

その、違いを楽しめるようになると、家の中の調味料がすっきりしてくる。家で食べるごはんは、ほとんど和食でまかなえるのだ。さ（砂糖）、し（塩）、す（酢）、せ（醤油）、そ（味噌）と野菜だけで台所が整っていく。

そして、毎日の同じことのくり返しが、こんなにも心を穏やかにするということを、この野菜たちが教えてくれた。質素な食の連続が心を満たしてくれる。

毎日少しだけの「ちゃんと」が自分を支えてくれる。

そして外食をすることがもっと楽しくなる！　普段食べないものを食べてみたい、とか、だったら思いきりおしゃれして、一流のレストランに食べにいこう。もしくは赤い提灯がぶらさがる、煙がモクモクと漂っているような、そんなお店に出かけよう。

そしてまた、自分の食へ戻ってくる。あぁ、やっぱりこの食事が落ち着くなぁって、この戻ってくる感じ、なんとも、言えない、幸せだよね。

＊　エピローグ

野菜の袋詰めは僕にとって神聖な時間

野菜の仕分けとか袋詰めとか、特に難しいわけではない。

だけど、鮮度を保つため、美味しそうに見栄えよくするため、なにより「販売物」にならないよう、「たったひとつの」に気づいてもらえるよう、命がそこに在るということが、誰かに伝わるように……そんなことを考えながら袋詰めをする。

量が多いと、日中だけではなくて、夜中までかかることもしょっちゅうだ。

街が寝静まり、しん、とした空気の中で、野菜のため、とか、お客さまのため、とか、丁寧に野菜と向き合う時間、とか言いたくなるけど、違うんだよね。

すべては自分のため。

野菜に触ってないと、いろんなアイデアなんてでてこない。思考をめぐらせ、あるいは止め

野菜の袋詰めは誰にも譲れない、大切な時間

る。深めることもあれば、基本に戻ることもある。

言葉、想い、いくつもの時空が重なりあって、ごっちゃになって、何かふと、感じたり思いついたりする。

農家さんの祈りが、八百屋へ変換される時間。

そんなことを言いながらも、やっぱり野菜からは、何かエネルギーのようなものを受けとってばかり、もらうばかりだ。

この袋詰めという仕事は、自分にとって大事な、神聖なる時間。

こればかりは、誰にも譲れない時間で、一生、この時間と向き合っていく。これはもう、問い。

誰にとか、どこにとかではない、純粋な問い、の時間なのだ。

＊　おわりに

あとがきに添えて、僕がどれだけ無能なのか、そんな僕を誰が支えてくれたのか、というところをお伝えしたいと思う。


今から一二年ほど前。

僕は電話とファックスだけで、卸業者に野菜の注文をして、野菜や加工品を仕入れて販売していた。

野菜の味が変われればすぐに返品。

不揃いすぎる野菜が入ってくればすぐに返品。

葉物野菜に虫食いの穴があればすぐに返品。

同じ頃、僕が野菜の師と仰ぐ和田高明さんに出逢う。一番最初に会った時、

「高橋君、利根川の上流の鮎と、下流の鮎は違うんだよ。わかるかな？」

と言われた。そして築地市場に同行させてもらい、競りを前に規格毎に一列にならんで

いる野菜を指さし、

「高橋君バイヤーだよね。ここに並んでいる野菜の値段をつけてごらん」

とも言われた。もちろん、僕は利根川の鮎のこともさっぱりわからなかったし、築地市場で野菜の値段をつけることもできなかったし、さらに言うと、できないことに対して何も違和感を感じていなかった。和田さんは野菜を見てだいたい、わかる。今年の場合、今日や明日の天気、この一年の気候なんかも含めて、この産地でこの規格の野菜は、いくら、と。

全国北海道から沖縄まで、土が違う、吹く風が違う。それぞれの土地の水も違う。師匠が言ったとおり、野菜だけではなくてそれは動物も植物も、さっき言った鮎だって、それぞれに違うという感覚が、僕の中になかった。野菜のバイヤーをしていたのに。

そんな僕にいつも激をとばしてくれた師匠に感謝している。少しは野菜のバイヤーに近づけたのだろうか？　八百屋として恥ずかしくない仕事をしているだろうか。一度、聞いてみたいとは思うけど「君はまだまだ、だ」と言われるだろう。

五年前、僕がwarmerwarmerを立ち上げようとしていたとき、「在来野菜の販売だけでは絶対にうまくいかないからやめたほうが良い」と多くの人に言われた。でも、たった二人の方が僕の背中を押してくれた。

一人は、滋賀県の秀明自然農法ネットワーク（自然農法活動を広く世の中に発信。自家採種を基本としている農業を実践している団体）前理事の中村三善さん。

僕の話を聞いて難色を示す方が多い中、三善さんは、

「高橋君、独立して何か困ったらいつでも私のところに来なさい」

と言ってくださった。ただただ、その言葉だけで何だか安心した。

そしてもう一人は高知県〝有機のがっこう・土佐自然塾〟の山下一穂さん。

山下さんからは、

「高橋君は自分がやりたいことのイメージができているんでしょう？　世の中は、自分がこうしたいと想いをもった人が、社会を作っているんだから、やったらいいじゃない。もしだめだったら、辞めればいいんだから」

と言ってくれた。

「世の中は、自分がこうしたいと想いをもった人が、社会を作っている」。この言葉にぐらっときた。僕が見ているこの社会の中には、もしかして目で見えているところ以外にも、僕の言葉が届くところがあるのかもしれない、そしてそれは僕の想いで社会を作るということにつながるのではないのか、とそんな希望を感じた。

このお二人の言葉が、僕を独立させた。

独立してから、一年後。中村さんはご病気でこの世を去った。

実は、毎年、野菜が届いて、ダンボールを開けると、涙がこみ上げてくる野菜がある。それは「宮重大根」。三善さんが大事に種採りをしてきた大根だ。今、その種は、群馬県の農家さんが受け継ぎ、ときに「三善大根」といって、僕のところに届けてくれる。

その箱をあけ、大根を手にとった瞬間、僕は涙が出てくる。

「中村三善さんに、今年も会えた」喜び。この大根は、僕にとって「大根」ではない。在来野菜を守っている人は野菜を守りたい。だけどその野菜たちというのは、その守っていた方に寄り添っていたい。だから、僕にはこの大根が三善さんに見えてくる。

そしてその野菜を見て、泣くのが、僕。


つい先日、二〇一六年一〇月八日、青森県南部町で青森県の在来野菜「南部太ねぎ」や、美味しく甘い減農薬の林檎を栽培されていた西館正範さんが、農機に巻き込まれ亡くなられた。

西館さんとの出逢いは、僕が野菜のバイヤーをしていた頃だから、付き合いはかれこれ一二年ほどになる。最初は林檎の取引をしていて、その後、いろんな流通の話をするようになり、時々は我が家にやってきて夜中まで話し込んだりしていた。

亡くなられた年の四月、北海道新幹線が開通したその日に、西館さんの家族はいつも通り夜行バスで突然東京にやって来た。朝七時、新宿のコーヒーショップでサンドウィッチを一緒に食べて歯磨きをして、そして僕の家に遊びに来てくれた。

青森県の「南部太ねぎ」は、糖度が一般のねぎの一・五倍と言われるほど、とにかくどこからどこまでも美味しいねぎだ。だけど柔らかく、病気になりやすく、手間もかかるため一時は絶滅寸前でもあった。三年前いろんなご縁が重なり、僕はこの南部太ねぎの復活プロジェクトを支援している方と知り合った。そして販路というところを担わせてもらうため現地へ足を運んだ。なんと、そこには林檎農家の西館さんもいた。この時初めて、西館さんがその昔に南部太ねぎを栽培していたことを知った。

西館さんは青森弁でこう言った。

「昔、作ってたんだよ。でも東京の流通業者から、固いねぎを作って欲しいって言われたからやめたんだー。でもなにを今更どうしよってんだ、お金にならない野菜を……。でも、もし、もう一度、作って販売できるんだったら、作りたいよ！　種もあるしね。高橋さん、お願いだから道を創ってよ！」

ついこないだ、僕の家で「今年は南部太ねぎやるよ！」と意気込んで話していた矢先の出来事だった。今年はもうすでに出荷が始まっている「南部太ねぎ」。それを見るだけで西館さんを思い出す。

僕は自給率ゼロパーセント、野菜をただただ右から左へ流しているただの八百屋だし、自然と共存できない東京にいるし、在来野菜の存続に危機感を覚えて、勝手にその責任を自分に掲げている。無謀を超えて、無能だからこそ動けているようなものだ。

そう、何と言っても僕は無能だ。

だから、全国から集まったその在来野菜と年がら年中一緒に寝て暮らしている。無能なりに、どう寄り添おうか、どうしたいのか、野菜に聞くのだ。

だから、本書は僕の本ではない。

北海道から沖縄まで全国にいる、僕と取引をしてくださっている「農家さんの日常とそこから育つ野菜たち」。それがこの本の一部始終だ。

僕のまわりには、この在来野菜についてもっともっと素晴らしく豊富な知識を持ち、それをきちんとした言葉にし、伝えられる方々がたくさんいる。だからこの本を読んで、疑問に思ったこと、それは違うだろう！　と思ったりしたことは、僕に聞かない方がいい。僕なんかの答えは答えじゃない。もっともっと素晴らしい見解を持つ人が、この本を手に取ってくれたあなたの周りに、たっくさんいる。その人たちと話をして、もっともっと話し込んで、論争して、そして、あなたなりの見解を持ち得た時、この在来野菜たちを食べることを日常の選択の一つとしてほしい。

最後に。

こんな僕に、感謝すべき言葉をかけてくれる人たちがいて、期待を寄せてくれる農家さんたちがいて、応援してくださる人がたくさんいる。だから、僕は、無能な僕ではあるけれど、諦めずに挑戦していこうと思っている。

この本を書くことで再び農家さんたちとの深い繋がりを感じることができた。こんな機会をくださった晶文社の江坂さん、長い時間をかけて待ってくださり、ありがとうございました。

そして、制作スタッフの皆さま、この本を手にとってくださった皆さまへ、心より御礼申し上げます。

これからも僕はハートウォーミングな場を作ります。

warmerwarmer　高橋一也

高橋一也
たかはし・かずや

1970年生まれ。高等学校卒業後、中国上海の華東師範大学に留学。
その後(株)キハチアンドエス青山本店に調理師として勤務する中
「有機野菜」と出逢う。1998年に自然食品小売業(株)ナチュラルハウスに入社。
アメリカ「ホールフーズマーケット」、ドイツ「ベーシック」等をベンチマークし、
世界のオーガニック事情を捉えながら、同社の事業を無添加食品事業から
オーガニック食品への切りかえに推進、店舗統括、販売企画、商品部青果バイヤー等の
業務から取締役へ就任。売上高50億円の会社経営に携わる。

2011年3月の東日本大震災をきっかけに、同社取締役を辞任。
古来種野菜(固定種・在来種)の販売事業の構築、有機農業者支援、
次世代のオーガニック市場の開拓を目的にwarmerwarmerとして独立。
精力的な活動は、テレビ東京(「ガイアの夜明け」2016.5.10)や
TBS(「EARTH Lab　次の100年を考える」2016.9.17)、
その他多数メディアにて取り上げられている。

【warmerwarmer】
野菜の販売、イベント情報などは下記HPをご覧ください。
http://warmerwarmer.net/

古来種《こらいしゅ》野菜《やさい》を食《た》べてください。

2016年11月30日　初版
2017年10月 5 日　2刷

著　者　高橋一也
発行者　株式会社晶文社　東京都千代田区神田神保町1-11　〒101-0051
電　話　03-3518-4940(代表)・4942(編集)
URL　http://www.shobunsha.co.jp
印刷・製本　ベクトル印刷株式会社

ISBN978-4-7949-6944-6　Printed in Japan